Die Erzählerin in Monika Marons neuem Roman erinnert sich an ihren letzten Geliebten, den sie im Sommer 1990 kennenlernte, als sie nicht mehr jung war und noch nicht alt.

Unter dem Skelett des Brachiosaurus lernte sie, eine Paläontologin aus Ost-Berlin, den Insektenforscher Franz aus Ulm kennen. Für die Frau, deren bisherige Lebensordnung mit dem Ende der Diktatur und dem Fall der Mauer fragwürdig geworden ist, wird die Beziehung zu ihrem verheirateten Kollegen zur obsessiven Leidenschaft, die keinen Verzicht zuläßt und keine Rücksicht. In den Wirren der deutschen Vereinigung, im Chaos der Stadt Berlin, inmitten erschütterter Lebensläufe und Glaubensbekenntnisse beschwört Monika Marons Heldin die Liebe als letzte anarchische, sinngebende Kraft, die sich über jede Odnung hinwegsetzt und ihre eigene errichtet.

Monika Maron, 1941 in Berlin geboren, wuchs in der DDR auf, übersiedelte 1988 in die Bundesrepublik und lebt heute wieder in Berlin. Sie veröffentlichte unter anderem die Romane ›Flugasche‹ (Fischer Taschenbuch Bd. 3684), ›Die Überläuferin‹ (Fischer Taschenbuch Bd. 9197) und ›Stille Zeile Sechs‹ (Fischer Taschenbuch Bd. 11804), den Band ›Das Mißverständnis‹ mit vier Erzählungen und einem Theaterstück (Fischer Taschenbuch Bd. 10826) sowie die Essaysammlung ›Nach Maßgabe meiner Begreifungskraft‹ (Fischer Taschenbuch Bd. 12728).

Monika Maron
Animal triste

Roman

Fischer Taschenbuch Verlag

Veröffentlicht im Fischer Taschenbuch Verlag GmbH,
Frankfurt am Main, November 1997

Lizenzausgabe mit freundlicher Genehmigung des
S. Fischer Verlags, Frankfurt am Main
© S. Fischer Verlag GmbH, Frankfurt am Main 1996
Satzherstellung: Stahringer, Ebsdorfergrund
Druck und Bindung: Clausen & Bosse, Leck
Printed in Germany
ISBN 3-596-13933-3

Gedruckt auf chlor- und säurefreiem Papier

In dankbarer Erinnerung
an Günther Busch,
gestorben am 25. Juni 1995

Animal triste

Als ich jung war, habe ich wie die meisten jungen Menschen geglaubt, ich müßte jung sterben. Es war so viel Jugend, so viel Anfang in mir, daß ein Ende sich nur gewaltsam und schön denken ließ; für den allmählichen Verfall war ich nicht bestimmt, das wußte ich genau. Jetzt bin ich hundert und lebe immer noch. Vielleicht bin ich auch erst neunzig, ich weiß es nicht genau, wahrscheinlich aber doch schon hundert. Außer der Bank, wo mein Konto geführt wird, weiß niemand, daß es mich noch gibt. Einmal im Monat gehe ich an den Bankschalter und hebe eine kleine Summe ab. Ich lebe sehr sparsam. Trotzdem habe ich jedesmal Angst, daß der Schalterbeamte mir sagt, es sei kein Geld mehr für mich da. Ich hatte einige Ersparnisse, kann mir aber nicht vorstellen, daß sie über die vielen Jahre, die ich schon davon lebe, gereicht haben sollen. Vielleicht bekomme ich von irgendwem eine kleine Rente. Vielleicht bin ich aber doch erst neunzig oder sogar noch jünger. Ich kümmere mich nicht mehr um die Welt und weiß darum nicht, in welcher Zeit sie gerade steckt. Wenn ich keine Lebensmittel mehr im Haus habe, gehe ich auf die Straße, um einzukaufen. Manchmal ist Markt, da kaufe ich am liebsten, weil ich unter den vielen Menschen am wenigsten auffalle. Ich treffe niemals Bekannte, bin

aber nicht sicher, ob ich sie überhaupt wieder-
erkennen würde. Wahrscheinlich sind sie alle längst
gestorben, und nur ich lebe noch. Ich wundere
mich, daß ich in meinem Alter noch so gut laufen
kann. Es macht mir auch wenig Mühe, die Vor-
räte nach Hause zu tragen, obwohl sie, da ich immer für zwei oder drei Wochen einkaufe, ein be-
achtliches Gewicht haben. Manchmal zweifle ich
deshalb an meinem Alter und halte es für möglich,
daß ich die Zeit, die ich schon in meiner Wohnung
verbringe, falsch gemessen habe.

Ich habe in meiner Wohnung keine Spiegel, in denen ich meine Runzeln zählen und danach mein
Alter bestimmen könnte. Damals, vor fünfzig oder
vierzig oder sechzig Jahren, es war Herbst, das
weiß ich genau, als ich beschloß, den Episoden
meines Lebens keine mehr hinzuzufügen, habe ich
sie alle zerschlagen. Ich könnte abends oder morgens, wenn ich mich umkleide, an meinem nackten Körper den Zustand meiner Haut überprüfen,
hätte ich nicht vor Jahrzehnten meine Sehschärfe
absichtsvoll ruiniert.

Mein letzter Geliebter, um dessentwillen ich mich
aus der Welt zurückgezogen habe, hat, als er mich
verließ, seine Brille bei mir vergessen. Jahrelang
trug ich die Brille und verschmolz meine gesun-
den Augen mit seinem Sehfehler zu einer symbio-

tischen Unschärfe als einer letzten Möglichkeit, ihm nahe zu sein. Als die Brille eines Tages, während ich mir gerade eine Nudelsuppe mit etwas Hühnerfleisch kochte, auf den Steinfußboden meiner Küche fiel und die Gläser zerbrachen, hatten meine Augen die ihnen angeborene Scharfsichtigkeit schon verlernt, so daß ich die Brille nicht sehr vermißte. Seitdem liegt sie auf dem kleinen Tisch neben meinem Bett, und manchmal, wenn auch immer seltener, setze ich sie auf, um zu fühlen, was mein Geliebter gefühlt hat, wenn er sie trug.

Ich erinnere mich an meinen Geliebten genau. Ich weiß, wie er aussah, wenn er meine Wohnung betrat, zögerlich, mit bemessenen Schritten, wie ein Hochspringer, der Anlauf nimmt und den richtigen Absprungpunkt nicht verfehlen darf; ich kann seinem Geruch nachspüren, als hätte er eben erst dieses Zimmer verlassen; ich kann, wenn es dunkel ist und ich schon müde werde, fühlen, wie seine Arme sich um meinen Rücken schließen. Nur seinen Namen und warum er mich verlassen hat, habe ich vergessen.

Eines Tages, es war im Herbst, das weiß ich genau, ist er gegangen und kam nicht mehr zurück. Es ist möglich, daß er damals gestorben ist. Manchmal glaube ich mich zu erinnern, daß vor dreißig oder fünfzig oder vierzig Jahren mein Tele-

fon geklingelt hat und eine Stimme, wahrscheinlich die Stimme seiner Frau, zu mir gesagt hat,
daß mein Geliebter tot ist. Vorher nannte sie ihren
Namen, der auch sein Name war; seitdem habe
ich ihn vergessen. Es kann aber auch sein, daß ich
mir das alles nur einbilde. Ich sitze hier schon zu
lange und erfinde Geschichten, die erklären könnten, warum er damals in einer Nacht im Herbst,
es hat nicht geregnet, aus meiner Wohnung aufgebrochen ist, hastig, weil es schon ein bißchen zu
spät war, um sein Ausbleiben zu Hause vernünftig
zu erklären, und seither nicht wiedergekommen
ist.

Ich wartete auf ihn. Wochenlang wagte ich nicht,
die Wohnung zu verlassen, aus Angst, er könnte
gerade in dieser Stunde zurückkommen und dann,
weil ich nicht da war, für immer fortgehen. Nachts
stellte ich das Telefon neben mein Kopfkissen.
Während ich auf ihn wartete, dachte ich nur an
ihn. Jede Begegnung, alle Worte, die er je zu mir
gesagt hatte, unsere nächtlichen Umarmungen
spielte ich mir wieder und wieder vor. Ich konnte
meinen Geliebten so nahe zu mir denken, daß ich
für Stunden glücklich sein konnte, als wäre er leibhaftig anwesend. Mit der Zeit gewöhnte ich mich
daran, daß ich vergeblich wartete. Wenn es möglich ist zu warten, ohne auf die Erfüllung zu hof-

fen, dann habe ich das getan, und eigentlich warte ich heute noch. Das Warten ist mir zur Natur geworden, und die Vergeblichkeit schmerzt mich schon lange nicht mehr. Ich weiß nicht, wie lange ich meinen Geliebten wirklich gekannt habe, lange oder nicht sehr lange, lange genug, um vierzig oder fünfzig Jahre mit Erinnerungen zu füllen, sehr lange.

Ich war nicht mehr jung, als ich beschloß, mein Leben als eine nicht endende, ununterbrochene Liebesgeschichte fortzuführen. Mein Körper befand sich schon in jenem Stadium des Verfalls, das an besonders gefährdeten Partien die beginnende Greisenhaftigkeit offenbart. Schlaffe Gesäßfalten, weiches, sich wellendes Fleisch am Bauch und an den Innenseiten der Oberschenkel, unter der Haut das sich in kleine Klumpen auflösende Bindegewebe. Trotzdem haftete ihm in den Konturen seine Jugend noch an und ließ bei vorteilhaften Lichtverhältnissen und bei einer Haltung, die Haut und Fleisch strafft, die Illusion zu, ich sei der Jugend nicht ferner als dem Alter.

Zum Glück kenne ich das jämmerliche Bild nicht, das mein Körper inzwischen abgibt. Ich bin ziemlich mager geworden, und wenn ich im Bett auf der Seite liege, muß ich die Decke zwischen die Knie klemmen, weil mich die harten Knochen schmerzen. Eigentlich ist es mir gleichgültig, welchen Anblick ich den Leuten bei meinen seltenen Gängen durch die Straßen biete. In meinem Alter gilt es schon als Schönheit, wenn man seinen Mitmenschen keinen Ekel verursacht. Ich dusche noch immer regelmäßig und achte darauf, daß mir nicht die Nase tropft.

Nachdem mein Geliebter mich verlassen hatte, zog ich das Bettzeug ab, in dem wir zum letzten Mal miteinander gelegen hatten, und verwahrte es ungewaschen im Schrank. Manchmal nehme ich es heraus und ziehe es auf, wobei ich darauf achte, daß kein Haar und keine Hautschuppe meines Geliebten verlorengeht. Der Bezug ist mit großen, in kräftigem Rot, Grün und Lila gehaltenen Blumen bedruckt, die mich an die Blüten fleischfressender Pflanzen erinnern. Das Laken ist schwarz, so daß das Sperma meines Geliebten noch immer deutlich und schön zu erkennen ist, ein nicht sehr großer Fleck in der Form eines sitzenden Pudels und dicht daneben ein zweiter, größerer, ein weniger scharf umrissenes Gebilde, das, sooft ich es betrachte, neue Möglichkeiten seiner Deutung offenbart wie fliegende Wolken am Himmel.

Ich ziehe meine Kleider aus und lege mich auf das Bett. Mein Geliebter sitzt zwischen den fleischfressenden Pflanzen, mit geradem Rücken an die

Wand gelehnt, auch den Nacken hält er sehr gerade, was ihm einen Ausdruck von Entschlossenheit verleiht, in Wahrheit aber nur der Entlastung seiner Wirbelsäule dient, denn mein Geliebter ist nicht jünger als ich, sogar einige Jahre älter. Ich erkenne nur seine Silhouette, es ist fast dunkel im Zimmer. Wenn er an der Pfeife zieht, höre ich, wie er schnappend den Mund öffnet; ich warte dann immer auf einen Satz, keinen bestimmten, nur einen Satz, den er aber nicht sagt. Er sieht mich nicht an, sondern starrt durch die Dunkelheit auf die Fenster hinter den geschlossenen Vorhängen. Ich zünde mir eine Zigarette an und schiebe mich irgendwie unter seine Hände. An diesem Abend vor vierzig oder sechzig Jahren kannten wir uns erst seit zwei Wochen.

Wenn ich mich richtig erinnere, habe ich einmal Biologie studiert, es kann aber auch Geologie oder Paläontologie gewesen sein, jedenfalls war ich, als ich meinen Geliebten traf, schon längere Zeit mit der Erforschung urzeitlicher Tierskelette befaßt und arbeitete im Berliner Naturkundemuseum, wo ich meinen Geliebten auch zum ersten Mal gesehen habe. Das Museum besaß damals, vielleicht auch heute noch, das größte Dinosaurierskelett, das je in einem Museum zu besichtigen war. Ein Brachiosaurus, an die zwölf Meter hoch und dreiundzwanzig Meter lang. Wie in einem Tempel stand es, das ich er nannte, unter der gläsernen Kuppel inmitten des säulengeschmückten Saals, plump und erhaben, eine göttliche Behauptung mit lächerlich kleinem Kopf, und grinste herab auf mich, seine Priesterin. Meinen Dienst an ihm begann ich jeden Morgen mit einer stillen Andacht. Für eine halbe oder ganze Minute stellte ich mich vor ihn, so daß ich ihm in seine wunderbaren, von leichten Knochenspangen geformten Augenhöhlen sehen konnte, und wünschte mir, wir wären uns so begegnet, als sein Gerippe noch von fünfzig Tonnen Fleisch umhüllt war, und er an einem Morgen vor hundertfünfzig Millionen Jahren unter der immergleichen Sonne in der Nähe von Tendaguru, wo er gestorben ist und vermutlich auch gelebt hat, seine Nahrung suchte.

An den Brachiosaurus denke ich gern. Außer meinem Geliebten und dem Brachiosaurus gibt es nicht viel, woran ich noch gern denke. Im Laufe der Jahre habe ich gelernt, mich an das, was ich vergessen will, nicht zu erinnern. Ich verstehe auch nicht, warum viele Menschen Berge belangloser Ereignisse, die es schon nicht wert waren, erlebt zu werden, in ihrem Gedächtnis stapeln, um sie hundertmal oder öfter wieder herauszukramen und vorzuführen, als taugten sie als Beweis für ein genutztes Leben. In meinem Leben gab es nicht viel, was das Vergessen nicht verdient hätte, und so ist es in der von mir für bewahrenswert befundenen Fassung ein ziemlich kurzes Leben geworden. Ich weiß nicht, wie man heute darüber denkt, aber vor vierzig oder fünfzig Jahren, als ich noch mit den anderen Menschen lebte, galt das Vergessen als sündhaft, was ich schon damals nicht verstanden habe und was ich inzwischen für lebensbedrohlichen Unfug halte. Ebenso wie das Vergessen könnte man den Menschen verbieten, bei übergroßem körperlichem Schmerz in Ohnmacht zu fallen, obwohl nur die Ohnmacht einen tödlichen Schock oder ein lebenslanges Trauma verhindern kann. Das Vergessen ist die Ohnmacht der Seele. Das Erinnern hat mit dem Nichtvergessen nicht das Geringste zu tun. Gott und die Welt hatten den Brachiosaurus vergessen. Für hundertfünfzig Millionen Jahre war er dem irdischen, wahrscheinlich sogar dem kosmischen Gedächtnis entfallen, bis Professor Janensch in Tendaguru ein paar Knochen von ihm fand. Danach haben wir angefangen, uns an ihn zu erinnern, was bedeutet: Wir haben ihn wieder erfunden, sein kleines Gehirn, seine Nahrung, Gewohnheiten, Zeitgenossen, sein ganzes langes Gattungsleben und seinen Tod. Jetzt gibt es ihn wieder, und jedes Kind kennt ihn.

Den Abend vor vierzig oder fünfzig Jahren, an dem mein Geliebter mit geradem Rücken an die Wand gelehnt und von fleischfressenden Pflanzen umrankt in meinem Bett saß, erfinde ich, seit er vergangen ist, wie alle anderen Abende mit meinem Geliebten auch. So vergeht die Zeit und vergeht doch nicht.

Seit ich seinen Namen vergessen habe, nenne ich meinen Geliebten Franz, weil ich sicher bin, einen anderen Franz im Leben nicht gekannt zu haben. Ich habe versucht, ihm einen schöneren Namen zu erfinden, aber hinter jedem, der mir gefiel, und der mir für meinen Geliebten passend erschien, tauchte ein Träger desselben auf, den ich im Leben, wenn auch nur flüchtig, gekannt habe und der mir, wenn ich mit meinem Geliebten allein sein will, versehentlich einfallen könnte. Man kann auch den Namen Franz sehr schön aussprechen, indem man das »a« möglichst dehnt, es tief ansetzt und am Ende leicht nach oben zieht, auf keinen Fall zu stark, das klänge albern, nur eine Nuance, damit der einzige Vokal zwischen den vier Konsonanten nicht zerquetscht wird. Dann ist Franz ein schönes dunkles Wort wie Grab oder Sarg.

Ich werde nie erfahren, was Franz denkt, wenn er so gerade dasitzt, durch die Dunkelheit auf die Fenster hinter den geschlossenen Vorhängen starrt und nach Luft schnappt, als wollte er einen Satz sagen. Ich vermute aber, daß er nur darüber nachdenkt, wie er diesen Satz, der ihm immer wieder von den Lippen zu springen droht, vermeiden kann. Es muß ein schrecklicher Satz sein; oder ein wunderbarer.

In dem bleichen Schein der Straßenlaterne, gefiltert durch die weißen Vorhänge, erscheint Franz wie auf einer unterbelichteten Schwarzweißfotografie, blaß und geisterhaft, eingeschmolzen in das graue Dunkel um ihn. Die matte Unschärfe löscht das Alter auf seinem Gesicht und gibt ihm für diese Stunde seine Jugend zurück. Wie damals vor vierzig oder dreißig Jahren lagere ich mich halb sitzend zwischen die ausgestreckten Beine meines Geliebten, im Rücken seinen festen und warmen Tierbauch, sehe wie er auf die Fenster hinter den geschlossenen Vorhängen und ziehe an meiner Zigarette.

An diesem Abend kannten wir uns zwei Wochen. Ich hatte, wenn ich mich recht entsinne, bis dahin ein ziemlich durchschnittliches Leben geführt. Ich war verheiratet und hatte sogar ein Kind, eine hübsche Tochter, die inzwischen auch schon siebzig sein muß oder sechzig. Ich weiß nicht, ob sie mir noch schreibt. Manchmal kommen Briefe, aber ich kann wegen meiner verdorbenen Augen nicht einmal die Absender erkennen. In dem letzten Brief meiner Tochter, den ich noch lesen konnte, schrieb sie, daß sie einen Australier oder Kanadier geheiratet hätte, mit dem sie nach Australien oder nach Kanada ziehen wolle, und daß sie glücklich sei. Eine andere Nachricht hat mich nicht mehr erreicht. Vielleicht glaubt sie auch, ich sei tot, und hat es aufgegeben zu schreiben.

Mein Ehemann muß, nachdem ich Franz getroffen hatte, unauffällig aus meinem Leben verschwunden sein. Anders ließe sich nicht erklären, daß Franz mich in dieser Wohnung, in der ich seit jeher lebe, jederzeit besuchen konnte. Mein Ehemann war, soweit ich mich an ihn erinnere, ein sympathischer und friedlicher Mensch. Wir müssen wenigstens zwanzig Jahre miteinander gelebt haben. Jedenfalls war unsere Tochter schon erwachsen, als ich Franz traf, denn ich mußte damals auf keinen Menschen Rücksicht nehmen. Es kann natürlich sein, daß ich hätte Rücksicht nehmen müssen und es nur nicht getan habe. Aber Franz, der ein zarterer Mensch war als ich, hätte niemals zugelassen, daß ich mein Kind seinetwegen fortschickte.

Manchmal, selten, fällt mir irgendein Tag aus diesen zwanzig Jahren ein. Falls ich damals unglücklich gewesen sein sollte, habe ich es nicht gewußt;

bis zu diesem Tag im April, an dem mir jemand, ich weiß nicht wer, den Strom im Gehirn abschaltete. Ich lief am frühen Abend über die Friedrichstraße zur S-Bahn, als ich plötzlich eine unbekannte Taubheit auf der Zunge spürte, die sich schnell auf die übrigen Sinne ausweitete. Die folgenden zwanzig Minuten kenne ich nur aus den Schilderungen einer jungen Frau, die sich meiner angenommen hatte, als ich in Krämpfen zuckend und mit blasigem Schaum vor dem Mund auf dem Pflaster lag.

Nachdem ich aus einer etwa dreiminütigen tiefen Ohnmacht erwacht war, soll ich mich weitere fünfzehn Minuten lang in einem Zustand schrecklicher Verwirrung befunden haben. Ich soll wild um mich geschlagen haben, als die Sanitäter mich in den Krankenwagen führen wollten, so daß sie, um mich zu beruhigen, zum Schein wieder abfahren mußten, um nach einigen Minuten zurückzukommen und mich endlich ins Krankenhaus zu bringen. Die junge Frau, die mich dorthin begleitete, erzählte, ich hätte mitleiderregend verängstigt gewirkt bis zu einem bestimmten Augenblick, in dem sich mein Gesicht plötzlich entspannt hätte und ich vernünftig, wenn auch erschöpft gefragt hätte, was geschehen sei. An die Zeit zwischen der beginnenden Taubheit meiner Sinne und dem Moment, da ich mich auf den Stufen eines Hauseingangs wiederfand, fehlt mir jede Erinnerung. Man hat mich damals allen Torturen der modernen Medizin unterzogen, ohne irgendeine organische Abweichung in mir zu finden, die den Anfall hätte auslösen können.

Noch Wochen später hatte ich zuweilen den Eindruck, etwas in meinem Kopf funktioniere anders als vor dem Anfall, seitenverkehrt, als hätte jemand die Pole umgesteckt. Zum Beispiel fielen mir die Vornamen von Menschen später ein als ihre Nachnamen, oder ich schrieb dreiundzwanzig, wenn ich zweiunddreißig meinte, oder ich griff in meiner eigenen Wohnung nach links, obwohl ich genau wußte, daß die Tür, die ich öffnen wollte, rechts war. Natürlich wußte ich als Naturwissenschaftlerin, daß es für solche Symptome logische, in diesem Fall sogar einfache Erklärungen gab. Trotzdem wurden mir der Anfall und seine Folgen unheimlicher, je länger ich darüber nachdachte. Zum ersten Mal fragte ich mich, warum die Evolutionstheorie überhaupt als Beweis gegen die Existenz einer höheren Vernunft gelten konnte, da sie ebensogut deren Erfindung sein könnte. Die Vorstellung, etwas Fremdes hätte mich an diesem Abend auf der Friedrichstraße für eine Viertelstunde einfach abgeschaltet und aus einem Grund, den ich nicht kannte, den Funktionsplan meines Gehirns geringfügig verändert, wurde mir zur fixen Idee, an die ich zwar nicht ernsthaft glaubte, die aber am ehesten dem Gefühl entsprach, das der unerklärliche Vorfall in mir hinterlassen hatte. Wenn das Fremde aber meinen Tod simuliert hat, um mich danach, mit einer kleinen Desorientierung im Hirn als Erinnerung, wieder auferstehen zu lassen, wenn es mir meine Sterblichkeit so brutal vorführen wollte, mußte sich hinter allem ein anderer Zusammenhang denken lassen als ein paar verrückt gewordene Neuronen im Hippocampus oder in der Amygdala.

Die Beunruhigung, in die der Anfall mich gestürzt hatte, ließ sich nur ertragen, indem ich das Geschehen nachträglich mit Sinn erfüllte und das Zeichen deutete. Vielleicht hatte ich aber auch nur auf ein Zeichen gewartet, um mir die eine Frage zu stellen und mir darauf die eine Antwort zu geben: Wäre der Anfall nicht die Simulation meines Todes gewesen, sondern wäre ich an diesem Abend wirklich gestorben, was hätte ich versäumt? Man kann im Leben nichts versäumen als die Liebe. Das war die Antwort, und ich muß sie, lange bevor ich den Satz endlich aussprach, gekannt haben.

Franz traf ich ein Jahr danach. Ich habe ihn nicht

gesucht, und ich habe ihn nicht erwartet. Eines Morgens stand er neben mir, der Brachiosaurus grinste auf uns beide herab wie sonst auf mich allein, und Franz sagte leise und unvergeßlich: Ein schönes Tier.

Wie die Haut manchmal für eine Sekunde unsicher ist, ob ein plötzlich empfundener Schmerz von brühend heißem oder von eiskaltem Wasser herrührt, wußte ich für Augenblicke nicht, was mir gerade geschah; ob diese fremde weiche Stimme mich für meine stumme Zwiesprache mit einem Skelett verhöhnte, oder ob sie einem gehörte, der mein Geheimnis kannte, der wie ich über hundertfünfzig Millionen Jahre hinweg das eine Tonne schwere Herz des Brachiosaurus schlagen hörte und das verweste Fleisch beleben konnte.

Die Augen von Franz, dessen wirklichen Namen ich damals noch nicht vergessen haben konnte, weil ich ihn noch nicht kannte, waren klein und hechtgrau, so grau wie die Augen von Modiglianis Frauen blau sind, kein Millimeter Weiß zwischen den Wimpern. Ein Irrtum, den ich bis heute nicht korrigieren kann. Franz hatte kleine, hechtgraue Augen, die von so viel Weiß umgeben waren, wie es für kleine Augen normal ist. Später dachte ich sogar manchmal, daß Franz bedrohlich viel Weiß in seinen kleinen Augen hat. Trotzdem fühle ich, wenn ich an meine erste Begegnung mit Franz und seinen Augen denke, immer diesen auf alles und nichts gerichteten, ganz und gar grauen Blick auf mir.

Ich frage mich oft, warum ich Franz, wie er blaßhäutig und schmal, einen grauen Mantel über dem Arm, an diesem Morgen vor mir stand, nicht für einen normalen seriösen Mann mittleren Alters mit einem ernsthaften Beruf gehalten habe. Seine Bemerkung, der Brachiosaurus sei ein schönes Tier, hätte ich, statt wie von einem Orakelspruch erschüttert zu sein, auch als eine Floskel verstehen können, um ein Gespräch über das Aussterben der Dinosaurier mit mir zu beginnen. Das Aussterben der Saurier gehörte vor vierzig oder dreißig Jahren zu den beliebtesten Themen der Journalisten und Zeitungsleser aller Altersgruppen, sogar der Kinder. Ich habe es damals seltsam gefunden, daß niemand sich für das Leben der Saurier interessierte, nur für ihr Sterben. Keiner fragte, wie diese Kolosse hundert Millionen Jahre oder länger überleben konnten, worin für mich das eigentliche Rätsel lag. Als wäre es nicht normal, daß etwas, das so lange auf der Erde war, eines Tages wieder von ihr verschwindet. Aber wahrscheinlich war es ja gerade diese Ahnung, die die Menschen trieb, für den Sauriertod einen logischen, einmaligen, auf keinen

Fall wiederholbaren Grund zu suchen, einen, der für sie selbst nicht in Betracht kommen konnte. Denn eigentlich waren sie fortwährend damit beschäftigt, ihren eigenen Untergang zu fürchten, mal durch die Atombombe, mal durch neuartige Krankheiten, dann wieder durch die schmelzenden Pole; mit einer Inbrunst fürchteten sie den Untergang der Menschheit, als hinge ihr eigenes Sterben oder Überleben davon ab. Sie waren sich selbst unheimlich geworden. Angstvoll beobachteten sie, wie ihre Gattung sich zu einem maßlos fressenden und maßlos verdauenden Ungeheuer auswuchs, und sie schienen darauf zu warten, daß es platzte oder auf andere Art an sich selbst zugrunde ging; oder daß ein Wunder geschah. In der Maßlosigkeit fühlten sie sich den Sauriern offenbar verwandt und sahen in deren Schicksal darum ein Gleichnis für die eigene Bedrohung. Am liebsten glaubten sie, ein Meteor sei am Tod der Saurier schuld gewesen. Aus dem Himmel sollte das Unglück gekommen sein, wobei sie einfach nicht zur Kenntnis nahmen, daß die kleinen Schildkröten die Katastrophe, welche es auch immer gewesen sein mag, überlebt hatten.

Es muß an Franz' weicher, von einem unbestimmbaren Dialekt getragenen Stimme gelegen haben und an dem ziellosen Ernst in seinen kleinen, hechtgrauen Augen, daß ich ihn an diesem Morgen, als er das Skelett des Brachiosaurus ein schönes Tier nannte, nicht eine Sekunde lang für einen jener trostsuchenden Apokalyptiker hielt. Nachdem ich sicher war, daß er mich wegen meiner morgendlichen Andacht vor dem Brachiosaurus nicht verhöhnte, antwortete ich: Ja, ein schönes Tier.

Zweitausendmal oder öfter habe ich seitdem diese Minute erlebt, obwohl ich es mir ungleich öfter verboten habe, weil ich fürchte, daß dieser kostbarste Augenblick in meinem Leben durch meine unbeherrschte Sucht, ihn wieder und wieder zu erleben, seinen Zauber verlieren könnte. Aber immer, wenn ich mir gestatte, neben Franz unter der gläsernen Kuppel unseres Museums zu stehen und ihm zu antworten: Ja, ein schönes Tier, tost wie damals eine wunderbare Musik auf, die wie das Licht durch das Glasdach zu fallen scheint, von jedem Punkt des Saales widerhallt und die Knochen des Brachiosaurus erzittern läßt. »Sei Lob und Ehr dem höchsten Gut«, singen die himmlischen Stimmen, und Franz lächelt.

Franz sagte später, daß er, schon als er den Saal betrat und mich vor dem Tier stehen sah, von einer unerklärlichen Erwartung befallen wurde und daß er mich, getrieben von der eigenen Erwartung, ansprechen mußte, obwohl er sich nicht erinnern könne, sich einer Frau so ohne Umschweife genähert zu haben, wenn er von einigen Ungeschicklichkeiten in seiner Jugend absähe.

Es ist gleichgültig, ob ich hundert oder erst achtzig bin, ob ich seit vierzig, dreißig oder sechzig Jahren darüber nachdenke, was eigentlich passiert, wenn wir in diesen Zustand geraten, von dem wir sagen: Ich liebe. Selbst wenn ich mir weitere fünfzig Jahre den Kopf darüber zergrübelte, ich fände es nicht heraus. Ich weiß noch nicht einmal, ob Liebe einbricht oder ausbricht. Manchmal glaube ich, sie bricht in uns ein wie ein anderes Wesen, das uns monatelang, sogar jahrelang umlauert, bis wir irgendwann, von Erinnerungen oder Träumen heimgesucht, sehnsüchtig unsere Poren öffnen, durch die es in Sekunden eindringt und sich mit allem mischt, was unsere Haut umschließt.

Oder sie bricht ein wie ein Virus, das sich in uns einnistet und still verharrt, bis es uns eines Tages anfällig und wehrlos genug findet, um als heillose Krankheit auszubrechen. Ich kann mir aber auch vorstellen, daß sie von unserer Geburt an wie eine Gefangene in uns lebt. Nur manchmal gelingt es ihr, sich zu befreien und aus ihrem Gefängnis, das wir sind, auszubrechen. Wenn ich sie mir als ausgebrochene lebenslange Gefangene vorstelle, kann

ich am ehesten verstehen, warum sie in den seltenen Augenblicken der Freiheit so tobt, warum sie
uns so gnadenlos quält, uns in alle Verheißung
stürzt und gleich darauf in alles Unglück, als
wollte sie uns vorführen, was zu vergeben sie imstande wäre, wenn wir sie nur ließen, und welche
Strafe wir verdienen, weil wir sie nicht herrschen
lassen.

Ich glaube, daß meine Liebe schon lange, ehe ich
Franz traf, ihre Befreiung vorbereitet hatte. Seit
ich mir die eine Frage gestellt und darauf die eine
Antwort gegeben hatte, seit ich wußte, daß man
im Leben nichts versäumen kann als die Liebe,
muß sie an ihrem Fluchtweg gegraben haben. Als
ich Franz zum ersten Mal traf, war sie frei. Von
Anfang an hat sie entschieden, was ich zu tun hatte. Ich kann mich nicht erinnern, in der Sache mit
Franz auch nur das Geringste entschieden zu
haben. Nicht, daß sie es mir verboten hätte, aber
es gab nichts zu entscheiden, weil von der ersten
Minute an alles entschieden war. Ich habe nicht
lange versucht, mich ihrem Zwang zu widerset-
zen, obwohl mich die Fraglosigkeit, in der sie mit
mir verfuhr, demütigte. Aber jeder meiner wenigen Versuche, sie in die Schranken zu verweisen,
endete mit ihrem Sieg und einer neuerlichen, größeren Demütigung für mich, indem sie mich jedes-

mal darüber belehrte, daß ich mich ihrem Plan zu fügen hätte, sonst nichts.

Erst seit Franz mich verlassen hat und ich auf ihn warte, ohne zu hoffen, daß er wiederkommt, lebe ich mit ihr in Eintracht. Ich unterscheide nicht mehr zwischen ihr und mir, und alles, was mir seither geschieht, habe ich so gewollt.

Natürlich habe ich damals, vor fünfzig oder sechzig Jahren, geglaubt, all mein Glück und Unglück käme von Franz.

Ich habe in einer seltsamen Zeit gelebt; als ich Franz traf, war sie gerade vorbei. Ich lese keine Zeitung mehr und kenne, außer dem Schalterbeamten meiner Bank, auch keinen Menschen, mit dem ich hin und wieder ein Wort wechsele. Darum weiß ich nicht, welche Meinung man sich inzwischen über diese Zeit gebildet hat und wie man über sie spricht. Ich kann mir aber nicht vorstellen, daß heute noch irgend jemand verstehen kann, wie es damals einer als internationale Freiheitsbewegung getarnten Gangsterbande gelingen konnte, das gesamte osteuropäische Festland einschließlich der Binnenmeere, einiger vorgelagerter Inseln und der okkupierten Hoheitsgewässer von der übrigen Welt hermetisch abzugrenzen und sich als legale Regierungen der jeweiligen Länder auszugeben. Das alles war in der Folge eines Krieges geschehen, den eine nationale, nämlich deutsche, Gangsterbande begonnen und verloren hatte. Zu den Siegern gehörte eine westasiatische Republik, die schon einige Jahrzehnte von besagter Freiheitsbande beherrscht wurde und der als Siegerlohn Osteuropa zugesprochen wurde, wozu das halbe Deutschland, einschließlich der halben Stadt Berlin gehörte, wohinein meine unglückselige Mutter zwischen zwei Bombendetonationen mich geboren hatte.

In meiner Jugend habe ich ein Buch gelesen, es hieß nach einer Jahreszahl, neunzehnhundertundnochwas, in dem die Zustände, unter denen wir lebten, annähernd beschrieben waren, nur ging es bei uns sinnloser zu, was vermutlich aber nur an der Dummheit der Organisatoren lag. Ich habe vieles aus diesen vierzig Jahren Gott sei Dank vergessen. Das meiste war auch zu absurd, als daß man es sich hätte merken können. Ich hätte es auswendig lernen müssen wie die Namen von Knochen oder Fundorten von Knochen, womit ich an sich schon beschäftigt war und was mich wenigstens interessierte. Wer wie ich gewohnt war, in Hunderten von Millionen Jahren zu denken, hatte es vermutlich leichter, die vierzig Jahre Bandenherrschaft als eine todgeweihte Mutation anzusehen, deren Überleben weltgeschichtlich nicht einmal die Zeit einnehmen würde, die der Brachiosaurus brauchte, um einen seiner Füße vom Boden zu heben. Ich kann behaupten, das Tun und Treiben in jener Zeit vorwiegend mit naturwissenschaftlichem Interesse verfolgt zu haben, wobei ich meine eigenen Reaktionen auf die unlogischen, oft gattungsgefährdenden Anforderungen sehr genau beobachtete und hin und wieder sogar notierte, was mir inzwischen weder nutzt noch schadet, weil ich nicht mehr lesen kann, so daß ich nicht versucht werde, mein jahrzehntelanges Vergessenswerk, einer unbedachten Neugier folgend, zu verderben.

Wie jedes Leben in Osteuropa geriet auch meins unter die Willkür des Absurden und wurde grausam zugerichtet. Unser Museum besaß außer dem Brachiosaurus überhaupt eine der herrlichsten Saurier-Sammlungen, die auf der Welt zu sehen waren. Wir hatten einen Dicraeosaurus, einen Dysalotosaurus, den Kentrurosaurus, Plateosaurus, Bradysaurus, und vor allem hatten wir den Urvogel, den wundervollen, kostbaren Urvogel. Aber mich, die ich ihre Liebhaberin und Erfinderin sein wollte, hat man zu ihrer Putzfrau gemacht. Ich durfte sie verwalten und nach brüchigen Stellen an ihren Gelenken suchen, aber nicht nach ihren Schwestern und Brüdern in Montana, New Jersey, im Connecticut Valley oder im Tal des Red Deer River. Ich durfte nicht die seltsamen vogelartigen Fußspuren sehen, die Pliny Moody aus South Hadley, Massachusetts, schon am Anfang des neunzehnten Jahrhunderts in seinem eigenen Garten gefunden hat. Ich durfte nicht einmal zu Kongressen fahren, wo ich Leute hätte treffen können, die das alles gesehen hatten.

Niemand, der sich in seinem Leben nicht für eine Sache mehr interessiert hat als für alle anderen, der nicht beseelt war von dem Wunsch, über diese eine Sache alles Erfahrbare aufzuspüren, zu sehen, anzufassen, wird mein Unglück verstehen können. Etwa dreihundert Meter von unserem Museum entfernt verlief die Mauer, die man rund um die westeuropäische Enklave inmitten von Ostdeutschland, um den westlichen Teil Berlins, gebaut hatte. Ich habe es in den Jahrzehnten ihrer Existenz als zweitrangig empfunden, daß sie mich von dem größeren Teil meiner Stadt trennte, obwohl es mich bis zuletzt verwunderte, daß dieser Gangsterstreich gelungen war und die vier Millionen Bewohner der Stadt die steinerne Anmaßung hinnahmen, wie die Kalifornier es hinnehmen müßten, wenn die Andreasspalte eines Tages endgültig aufbräche. Was mir aber, sobald ich darüber nachdachte, Schwindel verursachte wie der Versuch, sich die Unendlichkeit vorzustellen, war der unfaßbare Gedanke, daß diese häßliche, drei Meter hohe Betonmauer mich nicht nur vom Rest der Erde trennte, sondern auch von ihrer ganzen uralten Geschichte. Sie raubte mir das Paläozoikum, das Mesozoikum, die Kreidefelsen und Juragebirge, sie raubte mir alles, dem ich mein Leben hatte verschreiben wollen. Ich erinnere mich an einen jungen Mann, der wie ich in der Saurierabteilung arbeitete und der jahrelang davon träumte, das Glasdach über dem Kopf des Brachiosaurus als Startplatz für einen Ballonflug über die dreihundert Meter bis hinter die Mauer zu benutzen. Nur hätte er dafür Ostwind gebraucht, der selten war und kaum berechenbar. Andererseits bedurfte das Vorhaben auffälliger Vorbereitungen. Ein Heißluftballon kam wegen der Flamme des Brenners, die nachts weithin geleuchtet hätte, nicht in Frage, denn natürlich hätte der Junge nur nachts davonfliegen können. Für einen Wasserstoffballon hätte man aber wenigstens zehn schwere, eineinhalb Meter hohe Stahlflaschen auf das Glasdach schleppen müssen, wo sie möglicherweise wochenlang, bis zum nächsten Ostwind eben, hätten lagern müssen, ohne entdeckt zu werden. Trotzdem war der junge Mann eines Tages verschwunden, wie meine Tochter. Er schrieb uns eine Karte aus Rom. Ich erinnere mich gut an ihn, weil ich mir damals oft vorgestellt habe, daß ich nachts in dem dunklen Saal neben dem Brachiosaurus stehe und durch das Glasdach zusehe, wie der Ballon sich langsam füllt, bis seine Haut sich strafft und er den Jungen vom Dach hebt. Ich habe gesehen, wie die Schuhsohlen des Jungen sich vom Glas lösen, wie seine Beine pendeln, als könnte er durch die Luft laufen. Ich habe wirklich in einer seltsamen Zeit gelebt. Und wer weiß, ob ich die Saurier besser verstanden hätte, wenn ich ihren Spuren durch die ganze Welt hätte folgen dürfen; ob mich meine ewige Zwiesprache mit dem einen, den ich für alle anderen liebte, ihrem Geheimnis nicht näher gebracht hat, auch wenn mein ganzes Ahnen um sie nicht einen einzigen Satz in einem Lehrbuch hergäbe. Ich weiß es nicht.

*

Es kam nicht oft vor, daß Franz von einem Abend bis zum nächsten Morgen bei mir bleiben konnte. Für gewöhnlich fragte er mich um halb eins nach der Uhrzeit, was eigentlich unnötig war, weil er um halb eins immer genau wußte, daß es halb eins war und er sich anschicken mußte, nach Hause zu gehen. Ich weiß bis heute nicht, warum Franz immer um eins zu Hause sein mußte und nicht um zwei oder drei, aber ich bin sicher, daß diese fehlenden oder zusätzlichen Stunden nichts geändert hätten. In den seltenen Nächten, die ich nicht mit Franz' Frau teilen mußte, weil sie ohne ihn für zwei oder drei Tage eine Verwandte besuchte, schlief ich immer lange nach ihm ein. Ich weiß genau, wie er aussieht, wenn er schläft; wenn seine Lider, die zart sind wie zitternde Mottenflügel, die kleinen hechtgrauen Augen bedecken; wenn sich seine weiche Unterlippe, die er tagsüber ängstlich einzieht, weil sie ihn verraten würde, der Dressur entzieht; wenn er, hingestreckt von Erschöpfung, mit leicht geöffnetem Mund flach und hastig atmet wie ein gejagtes Kind. Ich kenne ihn frierend, unter Kissen begraben, und ausgebreitet in nächtlicher Sommerhitze, zwischen die fleischfressenden Pflanzen gebettet, schmal und gelöst, wie eine Figur aus dem Matisseschen Reigen.

Das Ungewöhnlichste an Franz war, daß ich ihn von Anfang an nicht gefürchtet habe. Von allen Männern, die ich je geliebt habe, war Franz der einzige, vor dem ich mich nicht fürchtete. Anders ist es gar nicht zu erklären, daß ich, obwohl ich nicht mehr jung war, meine Scheu vor fremdem Männerfleisch überwand und eines Tages, plötzlich, meinen nackten Körper, dessen allmähliches Vergehen ich seit Jahren mit Rührung und Anteilnahme beobachtete, neben den nackten Körper von Franz legte. Schon am nächsten Tag konnte ich mich nicht erinnern, welches Wort oder welche Geste meine Gewißheit, mich der Lust und dem Schrecken solcher Offenbarung nie wieder aussetzen zu wollen, einfach in Nichts aufgelöst hatte. Franz wußte es, sprach aber nicht darüber. Einmal, nachdem ich ihn lange bedrängt hatte, weil ich hinter meiner Amnesie etwas Abgründiges vermutete, strich er mit den Rücken seines Zeige- und Mittelfingers über meine Wange und sagte: Das war es.

Vielleicht war es das. Seit vierzig oder sechzig Jahren versuche ich immer und immer wieder, diese Sekunden aus der Unendlichkeit meines Vergessens zu bergen. Sie bleiben verloren. Ich kenne nur die Simulation: Franz' Finger, die über mein Gesicht streichen, nachdrücklich wie ein ernstes Wort und flüchtig wie ein zurückgenommenes Versprechen. Oder so, wie ich als Kind zum ersten Mal heimlich den Brachiosaurus berührt habe, unwiderstehlich angezogen, als würde allein die Berührung mich teilhaben lassen an seinem Geheimnis. Kaum lagen meine Finger an seinem Fuß, zog ich sie, von einem Schauer durchfahren, zurück. Alle Tode, die zwischen seinem und meinem Leben gestorben worden waren, pulsten für

einen Hauch von Zeit zwischen meiner Finger-
kuppe und seinem versteinerten Zeh. Das muß es
gewesen sein, was Franz und ich gespürt haben,
als die Haut seiner Fingerrücken und die Haut auf
meiner Wange sich berührten und sich in dem un-
ergründlichen Code der Liebe sekundenschnell
mitteilten, was zu sagen unmöglich ist.

Seitdem fing ich an zu vergessen. Zuerst vergaß
ich die Männer, die ich gekannt hatte, bevor ich
Franz traf. Ich vergaß sie zunächst nicht wirklich;
ich erinnerte mich an ihre Namen, an ihre Berufe,
an ihr Aussehen, auch an die Zeit unserer Begegnung, ich erinnerte mich sogar an ihre Körper.
Nur ihre Berührungen vergaß ich. Ich konnte mir
nicht mehr vorstellen, daß ich es als lustvoll oder
auch nur als angenehm empfunden haben sollte,
daß eine andere Hand als Franz' meinen Körper
erkundete, obwohl ich genau wußte, daß es so gewesen sein muß. Ich bezweifelte, je einen Mann
geliebt zu haben vor Franz, obwohl ich, ehe ich
Franz traf, sicher gewesen war, wenigstens zwei
oder drei Männer im Leben aufrichtig und heftig
geliebt zu haben, wenn auch der Verdacht, Liebe
zu versäumen, mich nicht mehr verlassen hat, seit
mir jemand oder etwas an einem frühen Abend im
April, mitten auf der Friedrichstraße, meine Sterblichkeit vorgeführt hatte.

Eigentlich vergaß ich anfangs nicht die Männer, obwohl es mir damals so vorkam. Erst jetzt, nach fünfundzwanzig oder fünfundvierzig Jahren meines sich endlos wiederholenden Lebens mit Franz habe ich genug über das Erinnern und Vergessen gelernt, um zu wissen, daß ich damals zuerst mich vergessen habe. Ich vergaß alle Leidenschaft und Wollust, alle Zärtlichkeit und Gier, alles, was die Einmaligkeit meiner Liebe zu Franz hätte in Zweifel ziehen können, löschte ich aus meinem Gedächtnis, als hätte ich es nicht erlebt.

In den letzten Wochen oder Jahren fällt mir das eine oder andere wieder ein, was nur bedeuten kann, daß meine Liebe zu Franz, für die allein ich die vielen Jahre in meiner Wohnung verbracht habe, nun langsam nachläßt. Ich habe aber keinen anderen Grund zu leben als den, Franz zu lieben, und glaube darum, daß ich bald sterben werde. Vielleicht müßte ich sowieso bald sterben, und meine vergehende Liebe ist nur ein Zeichen meiner schwindenden Lebenskraft, wie auch das Erinnern an längst versunkene Personen und Ereignisse auf meinen baldigen Tod hinweisen könnte, wenn es stimmt, was man erzählt, daß der Mensch im letzten Stadium des Alters noch einmal seine Jugend belebt, danach die Kindheit bis zurück an den Ausgangspunkt, wo das Davor und das Danach zum Tod verschmelzen. Wenn ich mich nicht täusche, was möglich ist, denn vor zehn oder zwanzig Jahren fühlte ich mich schon einmal so erschöpft, daß ich glaubte, den nächsten Monat nicht zu überleben, wenn ich mich also nicht täusche und diesmal wirklich sterbe, erlebe ich die Zeit mit Franz zum letzten Mal, und ich muß mich genau erinnern, damit ich die wichtigsten oder schönsten Tage, meistens waren es Nächte, nicht vergesse.

*

Ich liege neben Franz. Es ist Sommer, der erste Sommer, den Franz und ich gemeinsam erleben, vielleicht der einzige, vielleicht waren es auch zwei oder fünf, ich weiß es nicht. Ich liege neben Franz, ohne ihn zu berühren, und erzähle ihm von der Beerdigung meines Freundes Emile. Franz hat in einer anderen Zeit gelebt als ich; er kommt aus Ulm. Die seltsame Zeit, aus der ich komme, kennt er nur aus den Zeitungen. Ich gebe mir Mühe, Franz zu erklären, wie Emile diese furchtbar komische Beerdigung widerfahren konnte, die in keinem anderen Jahr, nicht einmal ein paar Monate früher oder später möglich gewesen wäre. Ich kannte zwei Saarländer in meiner seltsamen Zeit, die in diesem Sommer gerade ein halbes Jahr vor-

bei war. Der eine Saarländer, ein gelernter Dachdecker, war unser von der internationalen Freiheitsbande eingesetztes Staatsoberhaupt. Der andere
Saarländer war Emile. Wahrscheinlich gab es noch
mehr, aber ich kannte nur die beiden. Und wenn
schon ein Saarländer der Regierung hatte vorstehen
müssen, hätte ich in jedem Fall Emile vorgezogen.
Ich habe nichts gegen Dachdecker, halte aber die
Fähigkeit, Ziegel sachgemäß auf einem Dach zu
befestigen, nicht für ausreichend, eine so kompli-
zierte Formation wie einen Staat zu leiten, sei es
auch nur in einer Diktatur; selbst Willkür bedarf
auf Dauer einer ausgebildeten Intelligenz. Emile
war intelligent, er verehrte die Bildung und Menschen, von denen er glaubte, daß sie darüber ver-
fügten. Ich lernte Emile kennen, als er mit seinen
Schülern unser Museum besuchte und ich ihnen
einen kleinen Vortrag über den Brachiosaurus
hielt. Seitdem trafen wir uns hin und wieder in
einem Café in der Nähe des Museums, oder Emile
besuchte mich zu Hause, wo er mit meinem Ehemann einige Nächte lang darüber stritt, ob die
Maginot-Linie die Deutschen hätte aufhalten können, wenn man sie nicht unterirdisch, sondern
drei Meter hoch wie die Mauer um Berlin gebaut
hätte, und wenn sie nicht nur zwischen Detmold
und Mézières, wo wegen der Berge ohnehin kein

vernünftiger Mensch Kriege führe, sondern auch an der Grenze von Flandern verlaufen wäre, zumal die Deutschen auch schon im Ersten Weltkrieg um die flandrische Ecke gekommen seien. Ich habe mir das alles so gut gemerkt, weil es mich überhaupt nicht interessierte und ich mich jedesmal, wenn die beiden die Maginot-Linie umbauten, fragte, wie ein Mensch beschaffen sein muß, um sich dafür zu interessieren.

Später verließ Emile die Schule. Er stieg auf und lungerte, wie er es noch später selbst nannte, einige Jahre in den Vorzimmern der Macht herum, bis ihm die Brust aufgesägt werden mußte, um die verstopften Gefäße an seinem Herzen mittels einiger Venenstückchen aus Emiles Unterschenkel zu reparieren.

Ich weiß nicht, ob damals alle Saarländer so ehrgeizig waren wie der Dachdecker und Emile, wobei Emile wirklich ein anständiger Mensch war, sonst wäre er an seiner Vorzimmerlungerei, wozu eine mehrjährige Existenz als rechte Hand eines Dachdecker-Stellvertreters gehörte, nicht fast gestorben.

Emiles zersägtes Brustbein wuchs wieder zusammen. Nur eine Naht vom Schlüsselbein bis zum Rippenbogen, die mich, sooft er sie vorzeigte, an eine zugenähte Gans denken ließ, erinnerte an seinen knapp vermiedenen Tod. Emile wurde Invalidenrentner und beschloß, ein Buch über die Jakobinerinnen der Mainzer Republik zu schreiben. Ohne seine Krankheit wäre er dumm geblieben, behauptete Emile, womit er meinte, er hätte in der internationalen Freiheitsbewegung, deren Mitglied er war, nicht die Verbrecherbande erkannt, die sie war, und hätte ihr vermutlich weiterhin gedient, wäre er durch die Krankheit nicht davon befreit worden.

Natürlich war es umgekehrt, und Emile war krank geworden, weil er so viel Dummheit, wie sein saarländischer Ehrgeiz von ihm verlangte, nicht aufbringen konnte, aber diesen Zusammenhang, der einer anderen Logik als eine Maginot-Linie von Flandern bis Basel entsprang, ließ Emile sich nicht einreden.

Emile war nun Rentner, und wie allen Menschen, die zu alt oder zu krank waren, um einer geregelten Arbeit nachzugehen, öffnete sich auch ihm das Tor zur Welt, das sich damals in einem verglasten Flachbau am Bahnhof Friedrichstraße befand. An jedem Montag fuhr er zum Ku'damm, kaufte sich einen *Spiegel* und trank bei Kempinski ein Kännchen Kaffee. Für dieses Vergnügen opferte er einen erheblichen Teil seiner Rente, denn für die fünfzig Mark, die das im Monat kostete, mußte er auf dem

schwarzen Markt das Sechsfache unserer Landes-
währung bezahlen. Wenn er zurückkam, schwärm-
te er von den Blumengeschäften und Buchhand-
lungen, die er gesehen hatte, als spräche er von
der Sixtinischen Kapelle oder von den Niagara-
fällen. Bei einem seiner Ausflüge in die Welt traf
Emile Sibylle, eine ehemalige Tänzerin, die wegen
eines komplizierten Beinbruchs schon in ihrer
Jugend das Tanzen aufgegeben hatte und statt
dessen, um ihrer Liebe zum Tanz nicht ganz und
gar entsagen zu müssen, eine Boutique für Ballett-
kleidung führte.

Emile war neunundfünfzig und Sibylle war neun-
undvierzig; ich glaube, sie waren das schönste
Liebespaar, das ich im Leben gesehen habe. Sie
konnten während eines Gesprächs plötzlich einander so tief in die Augen fallen, daß jeder, der mit
ihnen am Tisch saß, gerührt seine Rede unterbrach, um in die Erinnerung an einen ähnlich
glücklichen Augenblick seines eigenen Lebens zu
versinken. Obwohl beide in ihren öffentlichen Lie-
besbezeugungen eher zurückhaltend und scham-
haft waren, suchten sie jede Gelegenheit, einander
flüchtig zu streifen oder sich für eine Sekunde wie
zufällig aneinanderzulehnen, als müßten sie sich
von der Leibhaftigkeit des anderen immer wieder
überzeugen, als könnten sie ihr ungeheures, nicht

mehr erwartetes Glück nicht glauben. Nach einigen Monaten ließ Emile sich ausrechnen, wieviel Rente er im Fall seiner Übersiedlung in den westlichen Teil der Stadt bekommen würde, und Sibylle begann, eine größere Wohnung zu suchen.

Und dann endete über Nacht die seltsame Zeit. Die Freiheitsbande wurde entmachtet, die Mauer in Berlin wurde abgerissen, Sibylle mußte nicht mehr nachts um zwölf unseren Teil der Stadt verlassen, wenn sie Emile besuchte, und Emiles Wohnung wäre groß genug gewesen für beide.

Aber in Emile rumorte etwas, für das Sibylle nicht zuständig war, etwas, das sie nicht verstand, das auch ich nicht verstand, obwohl ich, weil ich Emile lange kannte, nicht übermäßig verwundert war, als ich von seiner neuerlichen Sehnsucht nach den Vorzimmern der Macht erfuhr. Emile hatte sich vom Arzt bescheinigen lassen, daß er von seiner Krankheit genesen war, und hatte sich einer der neugegründeten Parteien angeschlossen, für deren Wahlsieg er nun Tag und Nacht kämpfte. Wieder war er jemandes rechte Hand, diesmal die eines gelernten Schneidermeisters, den die Personalnot der neuen Partei in ein hohes Amt gehoben hatte, dessen Büro Emile vorstand. Endlich durfte Emile seine Maginot-Linie bauen, nicht nachträglich für eine längst verlorene Schlacht, sondern in der wirklichen Zeit und für die Zukunft. Für vier Monate war Emile ein Mann geworden, der Geschichte machte. Den Sieg seiner Partei und den Aufstieg des Mannes, dessen rechte Hand er war, zum Bürgermeister, überlebte er um drei Wochen. Von seinem Tod erfuhr ich aus der Zeitung: Der Leiter des Büros des Bürgermeisters, Emile P., erlag in der Wohnung seiner Lebensgefährtin während der frühen Morgenstunden seinem dritten Herzinfarkt.

Ich rief Sibylle an, und ehe ich etwas fragen konnte, sagte sie, als hätte sie es schon endlos vor sich hingesagt, ohne es zu fassen: Er ist nicht bei mir gestorben. Sibylle und Emile hatten sich in den Monaten davor nur noch selten getroffen. Sibylle, die Emile sogar ihre Ballettboutique geopfert hätte, fiel es schwer, dessen Leidenschaft für sein neues Amt zu begreifen, schrieb sie aber der seltsamen Zeit zu, in der Emile gelebt hatte und die sie vielleicht nie ganz verstehen würde; obwohl sie ihren Traum vom Tanz ja auch hätte aufgeben müssen, sagte sie einmal.

Ein bißchen komisch fand ich alle Beerdigungen, die ich miterlebt habe. Die Übereinkunft zu trauern, ob man den Toten gemocht hat oder nicht, die verschlampten Rituale, die ungenierten Lügen der professionellen Grabredner ließen mir nur die

Wahl, diese hastigen Inszenierungen des Abschieds komisch oder peinlich zu finden. Emiles Beerdigung dagegen war so komisch wie grandios. Wie er es, trotz seines plötzlichen Todes, geschafft hat, auf dem berühmtesten Friedhof der Stadt begraben zu werden, ganz in der Nähe von Hegel und Brecht, wohin er sich, selbst als nicht die geringste Aussicht auf die Erfüllung solcher Anmaßung bestand, immer gewünscht hatte, weiß ich nicht. Ich kann mir aber vorstellen, daß Emile nichts anderes gewollt hat als diese zwei Quadratmeter Friedhofsland, daß er seine Liebe und Sibylle verraten hat, daß er die fünf oder zehn Jahre Leben, die ihm noch geblieben wären, hingegeben hat für die nicht wiederkehrende Chance, sich in die Nähe der Unsterblichkeit zu schummeln. Emile hat um die Todesgefahr, in die er sich begab, als er sein Amt übernahm, gewußt. Er wird also ein Testament aufgesetzt und darin den dringenden Wunsch geäußert haben, auf dem Dorotheenstädtischen Friedhof begraben zu werden, was der Bürgermeister ihm schlecht würde abschlagen können, sobald er, Emile, erst einmal tatsächlich für ihn gestorben sein würde. Das, denke ich, wird Emile gedacht haben, als er befand, daß die Ewigkeit auf dem ruhmreichen Friedhof einer bemessenen Zeit mit Sibylle vorzuziehen sei. Er besann sich auf eine ehemalige Freundin, die ihn betreut hatte, als er todkrank war, und die nun während der schlaflosen Wochen des Wahlkampfes und der ersten Zeit nach der Amtsübernahme die Organisation seines physischen Lebens übernahm: Sie wusch Emiles Hemden, kochte ihm auch nachts noch eine Suppe und rief den Arzt, als er starb. So kam es, daß an Emiles offenem Grab zwei Witwen standen: die erstarrte Sibylle mit einem großen Strauß roter Rosen und die ehemalige Freundin, von den Rednern angesprochen als »liebe Frau Wagner«, während Sibylle unerwähnt blieb, mit einem Strauß weißer Rosen. Frau Wagner saß während der Trauerfeier in der ersten Reihe. Sibylle kam zu spät. Der stellvertretende Vorsitzende der neuen Partei hielt gerade eine Rede, als sie zunächst leise die Kapelle betrat, dann aber so heftig die Tür ins Schloß zog, daß alle sich nach ihr umwandten und sie im Türrahmen stehen sahen mit ihren roten Rosen und dem bleichen Gesicht, in dem selbst die Sommersprossen ihre Farbe verloren hatten. Frau Wagner, die Sibylle nie zuvor gesehen hatte, schien augenblicklich zu wissen, wer da in der Tür stand, und riß ihren Kopf wieder nach vorn, erschrocken oder mißachtend, jedenfalls entschlossen, sich ihre Rolle als hinterbliebene Lebensgefährtin nicht verderben zu lassen. Der stellvertretende Parteivorsitzende sagte, daß er Emile nur einige Monate gekannt habe, in diesen Monaten aber von ihm sehr beeindruckt gewesen sei. Das sagte auch der zweite Redner, ein junger Mann aus dem Büro des Bürgermeisters. Die meisten der Anwesenden hatten Emile offenbar nur einige Monate gekannt, was Frau Wagner mit großer Erleichterung erfüllt haben muß. Es war unheimlich zu sehen, wie Frau Wagner an Emiles Grab stand und sich hundertmal oder öfter teilnahmsvoll die Hand schütteln ließ.

Ich war vier oder fünf Jahre alt, als ich im Rinnstein den Kopf einer Babypuppe fand. Es war das erste oder zweite Jahr nach dem Krieg. Ich wünschte mir dringend eine Babypuppe, aber es gab keine, oder meiner Mutter fehlte das Geld, und so begnügte ich mich mit dem unverhofft gefundenen Kopf, legte ihn in den Puppenwagen, deckte den Hals zu, als hinge ihm ein Körper an, und hätte nicht irgendein Rohling laut über mich gelacht, wäre ich in der Illusion, eine Babypuppe spazierenzufahren, glücklich gewesen. Über Frau Wagner lachte niemand, jedenfalls nicht, solange sie es hätte hören können, und vielleicht hat sie den Rest ihres Lebens im Stand glücklicher Witwenschaft verbracht und sogar »mein verstorbener Mann« gesagt, wenn sie von Emile sprach.

Während der Beerdigung wirkte sie noch ein wenig ungeübt in ihrer neuen Rolle, wie auch der Bürgermeister in seiner. Es muß den Bürgermeister angestrengt haben, den Blumenstrauß von einem Untergebenen tragen und später auch niederlegen zu lassen, weil es keinen Grund gab, diesen mäßig großen Strauß, nicht größer als die Rosensträuße von Sibylle und Frau Wagner, nicht selbst zu tragen. Abseits von den übrigen Trauergästen lief er einsam auf und ab, im Abstand von zwei oder drei Schritten gefolgt von dem Untergebenen mit dem Blumenstrauß. Wenn der Bürgermeister die Richtung seiner ziellosen Schritte änderte, hatten beide Mühe, die angemessene Ordnung wiederherzustellen: der Bürgermeister vorn, der Untergebene dahinter. Woher, außer durch die Beobachtung anderer politischer Oberhäupter im Fernsehen, hätte der ehemalige Schneidermeister auch wissen sollen, was der Würde seines neuen Amtes angemessen war. Emile, erfahren im Umgang mit der Macht, hätte es ihm wahrscheinlich sagen können, aber der war tot.

Franz liegt still neben mir, das fahle Licht der Laternen fällt durch die weißen Vorhänge auf sein Gesicht. Ich kann nicht erkennen, ob er seine kleinen hechtgrauen Augen geschlossen hat oder nicht.

Das ist dieser Sommer, sage ich zu Franz, nur dieser eine Sommer, in dem niemand mehr ist, wer er im vorigen Sommer noch war. Der Schneidermeister ist Bürgermeister, die ehemalige Freundin ist Emiles Witwe, Leute, die Emile vor einem Jahr noch nicht kannten, sind seine engsten Freunde und halten ihm die Grabreden, die alten Freunde stehen unerkannt daneben. Als hätte Emile nur dieses eine Jahr gelebt. Als lebten wir alle erst seit einem Jahr. Nur Sibylle geht zurück in ihre Ballettboutique und ist wieder, die sie war, bevor sie Emile traf, nur einmal öfter verraten.

Gleich wird Franz fragen, was er mich auch vor dreißig oder fünfundvierzig Jahren gefragt hat; und wer warst du noch im vorigen Sommer, wird er fragen, und ich werde wieder nicht wissen, was ich ihm darauf antworten soll, weil ich mir nicht mehr vorstellen kann, wer ich gewesen sein soll ohne Franz. Ich könnte nur sagen, wer oder was ich nicht war. Vor einem Jahr war ich nicht die Geliebte von Franz. Nachträglich scheint es mir, als ergäbe mein ganzes Leben vom Tag meiner Geburt an nur einen Sinn, wenn ich es als ein einziges langes Warten auf Franz verstehe. Manchmal glaube ich sogar, daß auch die Mauer in Berlin nur eingerissen wurde, damit Franz mich endlich finden konnte. Und hätte ich nicht, wie an jedem

Morgen, andächtig vor dem Brachiosaurus gestanden, um Trost zu finden für alles, was ich versäumt hatte, wäre mein Leben weniger unglücklich verlaufen und wäre mir der Platz unter dem
Brachiosaurus darum nicht Montana, New Jersey
und Pliny Moodys Garten in South Hadley, Massachusetts, zugleich gewesen, hätte Franz mich
dort nicht treffen können.

Aber Franz fragt mich nicht, wer ich vor einem
Jahr noch war. Vielleicht hat er auch damals nicht
danach gefragt, sondern ich habe die Frage, die ja
nahe lag, nur erwartet und dabei entdeckt, daß
ich, sollte er mich tatsächlich fragen, die Antwort
nicht wüßte. Eigentlich ist es sogar unmöglich,
daß Franz diese Frage gestellt hat, weil er selbst
auf vergleichbare Fragen nie geantwortet hätte,
jedenfalls nicht wirklich. Für solche bekenntnis-
heischenden Fragen hielt Franz drei Antworten
bereit: »Vielleicht«; »So wird es sein«; »Weiß ich
doch nicht«, wobei nur die letzte – »Weiß ich doch
nicht« – die Bereitschaft enthielt, überhaupt eine
Auskunft zu erteilen, während die Formeln »Vielleicht« und »So wird es sein« Franz' entschiedene
Verweigerung signalisierten. Hätte ich Franz gefragt, wer er im vorigen Sommer noch gewesen
sei, hätte er vermutlich geantwortet: »Weiß ich

doch nicht«; eine leichte, uneindeutige Verzweiflung hätte über dem Satz gelegen, die sowohl der Unsinnigkeit der Frage als auch dem eigenen Unvermögen, darauf zu antworten, hätte gelten können. Hätte ich dann gefragt, ob er solche Fragen verabscheue, hätte Franz gesagt: »Vielleicht«, und er hätte dem Wort die vorsichtige, ängstliche Warnung beigemischt: Frag nicht weiter. Hätte ich trotzdem gefragt, ob er vielleicht sogar Menschen verabscheue, die solche Fragen stellten, oder ob er jemand sei, der lieber über sich selbst nichts wissen wolle, hätte er gesagt: »So wird es sein.« Franz haßte Grobheiten, kam aber, wie alle Menschen, nicht ohne sie aus. Er hatte gelernt, die Grobheiten anderer in seinem »So wird es sein« aufzufangen wie Perseus den schrecklichen Blick der Medusa im Spiegel, und sie auf die Verursacher zurückzuwerfen.

Je länger ich darüber nachdenke, um so weniger verstehe ich, wie ich Franz eine so törichte Frage jahrzehntelang unterstellen konnte. Denn sooft ich diesen Abend wiedererlebt habe, endete er mit Franz' Frage: Wer warst du noch vor einem Jahr? Die Wahrheit wird sein, daß die Frage gestellt und nicht beantwortet wurde, von mir gestellt und von mir nicht beantwortet, seit vierzig oder fünfzig Jahren immer wieder keine Antwort. Allerdings suche ich sie auch schon lange nicht mehr. Ich habe mich damit abgefunden, daß wir im Leben nichts weniger vermögen, als uns selbst zu erkennen. Wir wissen nicht einmal, wie wir aussehen. Wir kennen unser Spiegelbild, wir erkennen uns auf Fotografien oder im Film, aber das ist schon alles. Wenn jemand behauptet, wir sähen einer anderen Person ähnlich, können wir schon nicht mehr nachvollziehen, warum. Wir finden unsere Kinder in uns nicht wieder und uns nicht in unseren Eltern. Damals, als ich mich noch für meine äußere Erscheinung interessierte, wußte ich, daß ich graue Augen habe, eine gebogene Nase und einen Mund, den ich immer zu schmal fand. Aber ich wußte nicht, ob ich mir, hätte ich mich zufällig getroffen, sympathisch gewesen wäre. Darum begaffen wir so gierig Fotografien von uns selbst, die uns offenbaren sollen, was wir nie sehen können: wir in Bewegung, zwischen den anderen, lachend oder versunken, wir mit geschlossenen Augen oder sogar schlafend, jedenfalls anders als unsere zugerichteten und trügerischen Spiegelbilder. Wir hoffen, daß es uns gelingt, für Sekunden Fremdheit zwischen uns und unser Bild zu zaubern, um uns einmal zu sehen, wie uns die anderen sehen und wir sie. Wir schaffen es nicht.

Seit ich meinen nackten Körper den Blicken und

Berührungen von Franz ausgeliefert hatte, fragte ich mich, was Franz sah, wenn er mich sah.

Ausgestreckt liege ich vor Franz; es ist Winter oder später Herbst, die kahlen Äste der Ahornbäume vor dem Fenster lassen das weiße Laternenlicht ungehindert durch die Vorhänge scheinen. Ich liege ungeschützt vor Franz, der sorgfältig die Linien meines Körpers nachzieht, mit seinen Fingerspitzen die Schrunden und Narben streift, die unzumutbar weiche Brust und mich mit der Behauptung, ich sei schön, in äußerste Verlegenheit stürzt. Aber was sieht Franz, wenn er mich sieht. Es kann sein, daß meine Schönheit in Franz' kleinen hechtgrauen Augen von seiner Sehschwäche herrührt, denn natürlich trägt Franz, wenn wir miteinander im Bett liegen, keine Brille. Aber ich sehe noch gut, nur wenn ich sehr müde bin, fällt mir das Lesen zuweilen schwer, und ich habe mir darum einige Wochen, bevor ich Franz traf, eine Brille anfertigen lassen, die ich aber niemals in Gegenwart von Franz trage. Obwohl ich einige Jahre jünger bin als Franz und noch gut sehe, finde ich auch Franz schön. Franz scheint an seine derzeitige Schönheit so wenig zu glauben wie ich an meine, verweist aber, wie ich, gern auf seine vergangene. Sobald ich einen Körperteil an ihm rühme, seine säulenartigen, langen Oberschenkel oder seine kräftigen, wenn auch nicht sonderlich breiten Schultern, sagt Franz: Da hättest du mich vor dreißig Jahren sehen sollen, als ich noch Diskuswerfer war. Und ich, wenn Franz von meiner Schönheit spricht, sage: Ach ja, das war einmal. Jetzt bin ich hundert, und Franz kann, Gott sei Dank, nicht mehr sehen, wie mir das Fleisch in Lappen von den Knochen hängt. Nur ich sehe immer noch Franz. Die Arme unter dem Kopf verschränkt, die Augen gerade gegen die Decke gerichtet, liegt er zwischen den fleischfressenden Pflanzen wie auf einer Sommerwiese, und ich, wie vor dreißig oder vierzig Jahren, weiß genau, wie er aussah, als er siebzehn war oder achtzehn.

Du bist meine späte Jugendliebe, sage ich zu Franz, und Franz sagt: ach so, was wie eine Frage klingt und mich offenbar zu weiteren Erklärungen animieren soll.

Ich hatte keine Jugendliebe, jedenfalls keine glückliche. Niemand, den ich liebte, liebte mich; und keinen, der mich liebte, liebte ich. Ein Defekt oder Hochmut. Glück war das Unerreichbare. Was erreichbar war, mußte falsches Glück sein.

Ja, sagt Franz, ja.

Ich weiß genau, daß Franz an diesem Abend ja gesagt hat, ein sehnsüchtiges, an sich selbst verendendes Ja und sein mattes Echo; seit zehn oder zwanzig Jahren weiß ich es wieder. An diesem Abend hörte ich es und vergaß es. Es ist merkwürdig, daß wir vieles wissen und zugleich nicht wissen. Natürlich habe ich immer gewußt, daß ich keine Jugendliebe hatte. Ich muß es gewußt haben, denn ich war es ja, die sie damals, als ich jung war, vergebens erwartet und gesucht hat. Neidvoll sah ich das leichte und unkomplizierte Glück aus Verliebtheit, Verlobung und Hochzeit um mich herum, von dem ich auf unbegreifliche Weise, durch charakterliche Veranlagung oder etwas ähnlich Unergründliches, ausgeschlossen war. Ich sehnte mich nach dem Glück und verachtete es zugleich. Wahrscheinlich verachtete ich auch die Glücklichen, und ich frage mich bis heute, was oder wer meiner Seele diese Düsternis eingehaucht hat, der Krieg, in den sie mich geboren haben, oder die unerträgliche Lebenswut meiner Mutter, wer kann das wissen. Jedenfalls hatte ich keine Jugendliebe, was mir nicht aufgefallen war, bevor ich Franz traf. Erst seit ich Franz kenne, bedeutet der Satz etwas. Ich hatte keine Jugendliebe, ich habe etwas versäumt.

Franz hatte eine Jugendliebe. Er hat es mir erzählt. Er hat mir auch eine Fotografie gezeigt: Franz mit einem Mädchen am Strand oder auf einer Wiese, in ihren Gesichtern die triumphierende

Gewißheit des Zueinandergehörens. Kein Zweifel daran, daß sie füreinander geboren sind, daß sie für ewig beieinander bleiben werden. Sie können das noch aussprechen. Franz hat aus seinem Körper eine Höhle gebildet, darin, mit verschränkten Armen und Beinen, hockt das Mädchen. Franz' rechte Hand fällt über ihre Brust, ohne sie zu berühren.

Auf einem anderen Foto ist Franz allein, seine kleinen Augen bohren sich in das Stück hechtgrauen Himmel über ihm, als wollten sie ihm die triste Farbe aussaugen.

Ja, sagt Franz, ja, und ich vergesse es. Wenn ich es nicht vergesse, wenn ich Franz jetzt frage, was sein Ja bedeutet, wird er sagen, daß ich mit meiner leichtfertigen Behauptung, das Glück sei das Unerreichbare, recht gehabt hätte, daß die Liebe nur außerhalb des wirklichen Lebens existieren könne, was unweigerlich zur Vernichtung der Liebenden führe. Er wird sagen, daß Tristan ein Hindernis ums andere errichtet habe, weil er das wußte. Daß Orpheus sich absichtlich umgesehen hat, weil er Eurydike in Wahrheit gar nicht retten wollte; er wollte sie nicht lieben, sondern seine unsterbliche Liebe zu ihr besingen, bis in den Tod. Das wird Franz sagen, wenn ich ihn frage, was sein Ja bedeutet, und ich will es nicht wissen.

Soweit ich mich an meine Mitmenschen erinnere, hätten sie es wohl lächerlich gefunden, wenn jemand in einem Alter, zu dem für gewöhnlich erwachsene Kinder oder sogar Enkelkinder, ein erhöhter Cholesterinspiegel und drohende Herzinfarkte gehören, behauptet hätte, er hole gerade seine versäumte Jugendliebe nach. Vielleicht habe ich, ehe mir an einem Abend im April die Pole im Gehirn vertauscht wurden, selbst so gedacht. Mit der Liebe ist es wie mit den Sauriern, alle Welt ergötzt sich an ihrem Tod: Tristan und Isolde, Romeo und Julia, Anna Karenina, Penthesilea, immer nur der Tod, immer diese Wollust am Unmöglichen. Ich glaube einfach nicht, daß die Menschen so unfähig zur Liebe sind, wie sie vorgeben. Sie lassen es sich einreden von unglücklichen Seelen ohne Jugendlieben, die zu früh, als daß sie wissen könnten wann, sich in Todesangst ihre Liebe aus dem Leib geschrien haben.

*

Menschen, die von sich behaupten, sie erinnerten sich gern an ihre Kindheit, waren mir immer unsympathisch, obwohl ich schon damals, als ich ihnen begegnete, ahnte, daß ich ihnen unrecht tue. Warum soll ein Mensch, der eine schöne Kindheit hatte, sich nicht gern daran erinnern.

59

Ich erinnere mich nicht gern an meine Kindheit, schon gar nicht an meine Jugend, meistens erinnere ich mich darum gar nicht. Manchmal kann ich es aber nicht verhindern, und dann sitze ich plötzlich neben Hansi Petzke auf dem Rinnstein, es ist Sommer, wir brauchen keine Schuhe, Hansi kaut einen Kaugummi, und ich bettle ihn, mir die Hälfte davon abzugeben. Hansi will nicht, und dann nimmt er das grauweiße Zeug doch aus dem Mund, zieht es mit seinen dreckigen Daumen und Zeigefingern in der Mitte auseinander, wobei er die kostbaren Fäden mit der Zunge auffängt, gibt mir die kleinere Hälfte, und ich kaue den schmuddeligen, von Hansis Spucke aufgeweichten Glibber weiter. Hansi und ich wollen heiraten. Einmal, im Winter, zeigt mir Hansi, daß er einen Hasen in den Schnee pinkeln kann. Daran habe ich später gedacht, als ich las, daß ich einen Penisneid haben müßte. Ich glaube aber, daß ich nie in meinem Leben einen Penisneid hatte, nicht einmal, als Hansi die schönen langen Hasenohren hinpinkelte. Hansi, der Kaugummi und der Hase gehören zu meinen glücklicheren Erinnerungen. Ich weiß nicht genau, aus welcher Zeit sie stammen, aber es war kein Krieg mehr, und wir gingen noch nicht in die Schule. Die Zeit zwischen dem Krieg und der Schule war überhaupt die glücklichste

Zeit meiner Kindheit. Später wurden die Fenster und Türen der ausgebombten Kirche an der Ecke zugemauert, und wir konnten nicht mehr mit den toten Kaninchen spielen, die eigentlich vergiftete Ratten waren, was uns auch nicht störte, als wir es wußten. Wir wickelten sie in Lappen und spielten Vater, Mutter, Kind; Hansi war der Vater, ich war die Mutter, die Ratte war das Kind. Die Sommer waren voller Staub; feiner, kalkiger Staub, der von den eingestürzten Häusern aufstieg. Nur noch einmal habe ich einen so staubigen Sommer erlebt, das war in New York. Am Abend eines glutheißen Tages stieg ich irgendwo im südlichen Manhattan aus der U-Bahn und verfiel vom ersten Augenblick an in einen Taumel unbegreiflicher Vertrautheit. Der faulige Geruch, wehende Papierfetzen, keine erkennbare Ordnung der Menschen und der Dinge, alles hastig und träge zugleich, und dieser heiße Staub, diese flirrende Ruhe danach. Ich glaubte, daß in dieser Straße gerade eine Schlacht stattgefunden haben mußte, ein eben glücklich beendeter Kampf, und daß ich in etwas geraten war, worin ich mich auskannte, wenn man mich nur hätte mitspielen lassen. Wie damals aus dem Luftschutzkeller war ich aus der Subway aufgetaucht in das schwüle, überlebenshungrige Chaos der Stadt, und das Kind, von dem

ich oft nicht glauben kann, daß ich es wirklich einmal gewesen bin, erkannte den Augenblick wieder.
Nach New York war ich gereist kurz vor der Nacht
im Herbst, in der Franz mich verließ und nicht
wiederkam. Wahrscheinlich wußte ich in diesem
Sommer schon, daß ich den Rest meines Lebens
mit der Erinnerung an Franz in meiner Wohnung
verbringen würde, und wollte vorher New York
sehen.

Erst wurden die Türen und Fenster der Kirche
vermauert, und dann kamen die Väter zurück.
Hansis Vater kam zuerst. Er hatte einen Granatsplitter im Kopf, und Hansi sagte, ich dürfe ihn
nun nicht mehr besuchen, weil sein Vater Ruhe
brauche.

Granatsplitter gehörten zu den geheimnisvollen
Hinterlassenschaften des Krieges. Wie kleine
lebendige Feinde steckten sie in den Körpern der
Männer und führten darin ein Eigenleben, verhielten sich still oder verursachten Schmerzen
oder, was das Schlimmste war, sie fingen plötzlich
an zu wandern. Und wenn so ein Granatsplitter
wanderte, war er meistens auf dem Weg zum Herzen, erzählte Hansi oder sonstwer; alle Welt sprach
damals über wandernde Granatsplitter. Wahrscheinlich liefen durch Deutschland Millionen
Männer, die gesund und unversehrt wirkten und

ihres Lebens nicht mehr froh werden konnten, weil sich so ein unsichtbarer Rest vom Krieg durch ihre Körper oder Köpfe bohrte. Hansis Vater hatte meistens schlechte Laune.

Mein Vater kam auch, jedenfalls kam ein Mann, von dem meine Mutter behauptete, er sei mein Vater. Wir haben ihr beide nicht geglaubt, er nicht und ich auch nicht. Wir hatten wohl verschiedene Gründe, ihr nicht zu glauben, seine kannte ich nicht, aber ich konnte einfach nicht glauben, daß er mein Vater war, weil mir gar nichts an ihm gefiel.

Daran hat sich später nichts geändert, wenn sich vermutlich auch die Gründe für mein Mißfallen wandelten und mit den Jahren einander über-lagerten, so daß ich nicht mehr sagen kann, wel-cher von ihnen mein sicheres Gefühl, von diesem Mann nicht abzustammen, geweckt hatte. Ich weiß nicht mehr, ob ich von Anfang an seine Stim-me nicht mochte, in der immer Lustlosigkeit und Überdruß mitklangen, sogar wenn er, was selten vorkam, das Essen lobte. Seine Stimme verdarb jeden Satz. Er sagte: Die Suppe schmeckt gut; und eigentlich sagte er: Na endlich schmeckt die Suppe mal gut. So guckte er auch. Immer schie-nen seine Augen auf eine üble Überraschung ge-faßt zu sein. Wahrscheinlich glaubte er eher an eine optische Täuschung als an das Ausbleiben eines ärgerlichen Anblicks. Selbst wenn er glauben mußte, nur Erfreuliches zu sehen, glomm in seinen Augen schon die Gewißheit, daß ihm das Leben innerhalb kurzer Frist recht geben würde und auch diese Freude nicht von Dauer war. Dabei hatte er weder einen Granatsplitter im Kopf noch irgendwo sonst. Meistens saß er am Küchentisch und las die Zeitung. Wenn er Kaffee trank oder Suppe aß, schlürfte er so laut, als wollte er meiner Mutter und mir beweisen, daß es sein Recht war, so laut zu schlürfen. Ich erinnere mich nicht, daß meine Mutter je zu ihm gesagt hätte: Schlürf' doch nicht so laut. Statt dessen verbot er uns, beim Essen zu sprechen, so daß nur noch sein Schlürfen zu hören war. Ich glaube bis heute nicht, daß er mein Vater war. Lieber einen Heiratsschwindler, Trickbetrüger, einen durchreisenden Scherenschleifer, Eintänzer oder Rummelboxer als den.

Vielleicht war es auch anders, und der ungehobelte Kerl, der er war, hätte mir trotz allem gefallen können, wenn es ihn nur interessiert hätte, ob er mir gefiel oder nicht. Es hat ihn aber nicht interessiert, und seit wenigstens fünfzig oder sechzig, wenn nicht seit siebzig oder achtzig Jahren bin ich ihm dafür dankbar. Wenn ich mir vorstelle, er wäre ein im landläufigen Sinne guter Vater gewesen, wie der Vater von Hinrich Schmidt, einem Kommilitonen meiner ersten Studienjahre, der sich, zwanzigjährig, wegen einer Zeitungsmeldung unter den D-Zug Berlin—Leipzig warf, wenn ich mir vorstelle, er hätte mir durch gemeinsame Fahrradtouren und verständige Gespräche nicht nur die Anerkennung seiner Vaterschaft, sondern auch ein mittleres Maß an töchterlicher Liebe abgerungen, was wiederum mein Bemühen, ihm zu gefallen, das heißt: es ihm im Leben gleichzutun, zweifellos herausgefordert hätte, dann wäre dieser Vater für mein Leben vielleicht wirklich ein Verhängnis geworden. So blieb er eine Enttäuschung. Seit Hinrich Schmidt seinen Hals auf ein Bahngleis bei Schönefeld gelegt hatte, um sich vom nächsten Zug den Kopf vom Rumpf trennen zu lassen, was, wie ich fest glaube, nur geschehen mußte, weil Hinrich Schmidt seinen Vater liebte, bin ich fähig, meinem Vater für die Unmöglichkeit, ihn zu lieben, dankbar zu sein.

Hinrich Schmidts Vater war ein wichtiges Mitglied im nationalen Verband der internationalen Freiheitsbewegung und zuständig für die Polizei oder Geheimpolizei oder Armee, in jedem Fall für eine waffentragende Formation. Trotzdem muß er seinem Sohn ein liebevoller Vater gewesen sein

oder ihm mit seinem Samen Eigenschaften ein-
gepflanzt haben, die Liebe zu einem solchen Vater
gedeihen ließen. Ich kann mich an Hinrich Schmidt
kaum erinnern: ein kräftiger, phlegmatischer Junge,
für den ich mich ohne seinen selbstmörderischen
Aufruhr vermutlich nie interessiert hätte. Bei der
Leiche fand man einen Zeitungsausschnitt, in dem
berichtet wurde, daß, wie durch eine Indiskretion
aus dem innersten Kreis der Freiheitsbande bekannt wurde, der General Kurt Schmidt wegen
seiner Forderung, Militäreinheiten in die Univer-
sität zu schicken, um den Studenten, die sich im
Ideologieunterricht lernunwillig zeigten, die Schädel einzuschlagen, durch einen Kabinettsgenossen
kritisiert worden war, worauf General Schmidt
heftig bestritt, dergleichen geäußert zu haben;
vielmehr habe er vorgeschlagen, den Studenten
die Knochen zu brechen.
Wie Hinrich Schmidt in den Besitz dieser Nachricht, die ja einer ausländischen, wenn auch
deutschsprachigen Zeitung entstammte, gelangt
war, blieb unbekannt.
Niemand hatte ihm eine so maßlose Tat zugetraut.
Trotzdem verstand ich, daß er, nachdem er den
Sachverhalt kannte und ihn wahrscheinlich auf
seine Richtigkeit überprüft hatte, nicht weiter-
leben konnte. Ich verstand sogar die Brutalität,

mit der er sich tötete, statt Tabletten zu schlucken oder sich mit der Dienstpistole seines Vaters in die Schläfe zu schießen oder in den Mund. Ich verstand, daß er der Welt und seinem Vater den grausamen Anblick des Enthaupteten, des Hingerichteten, hinterlassen mußte.

Gerade weil er seinen Vater liebte, weil er ihm gleichen wollte, mußte er, wenn er seinem Gefühl konsequent folgte, sich selbst auslöschen, wie sein Vater es gefordert hatte und wie er selbst es demzufolge wollen mußte.

Selbst wenn ich geglaubt hätte, daß der Mann, den meine Mutter für meinen Vater ausgab, mich auch gezeugt hatte, wäre ich um keinen Satz von ihm und keine Tat, auch nicht um die abscheulichste, gestorben. Ich will nicht behaupten, daß ich leidlos Tochter war, aber seit Hinrich Schmidts Tod war ich davon überzeugt, daß es zwar beschämend und lächerlich sein konnte, zur Gestalt der eigenen Mutter heranwachsen zu müssen, daß aber den Söhnen im Bild der Väter eine ungleich größere Gefahr drohte.

Die Angst, die er im Kindesalter erduldet hat, eines Tages als Vater selbst verbreiten zu müssen, zwingt jeden Mann, entweder das Kind in sich zum Schweigen zu bringen oder auf Vaterschaft zu verzichten. Denn selbst wenn er ein sanfter, duldsamer

Vater würde, hinge ihm der Makel der Schwäche an, und sein Sohn müßte – und wollte sicher auch – zum Gegenbild heranwachsen.

Sie hätten nicht zurückkommen dürfen. Damals, als Hansi Petzke und ich mit den vergifteten Ratten Vater-Mutter-Kind spielten, hätten sie uns mit unseren Müttern allein lassen sollen, Hansi und mich und alle anderen Kinder auch. Sie hätten sich irgendwo, fern von ihren Söhnen, einen Ort suchen sollen, wo sie ihre verwundeten Leiber und gebrandmarkten Kriegerseelen hätten kurieren können. Wie die verstümmelten Krieger Alexanders des Großen, von denen ich einmal las, die, nachdem Alexander sie aus der persischen Sklaverei befreit hatte, es ablehnten, heimzufahren nach Griechenland und zu ihren Frauen. Die Perser hatten ihnen Hände oder Füße abgeschlagen, Ohren oder Nase abgeschnitten, und Euktemon aus Kyme, einer der Unglücklichen, soll die übrigen beschworen haben: Laßt uns, die wir doch längst nicht mehr dem Leben angehören, einen Ort suchen, an dem wir diese unsere halbverstümmelten Glieder verscharren können. Die meisten der Krieger hörten auf ihn und blieben in der Fremde.

Ich stelle mir heute noch gerne vor, wie anders unser Leben verlaufen wäre, hätten sie damals ein Einsehen gehabt und verstanden, daß sie für ihre

Kinder nur noch eins tun konnten: ihnen ihre Anwesenheit nicht zumuten. Die größte Schwierig-
keit für ein Leben ohne sie hätte darin bestanden,
daß sie lebensnotwendiges Wissen ganz für sich
okkupiert hatten, so daß wir wenigstens die alten
Männer, die Großväter hätten dulden müssen, um
die Handwerke von ihnen zu lernen, maurern,
tischlern, Rohre verlegen. Die alten Ingenieure hätten Studenten ausbilden müssen. Oder wir wären
in die Nachbarländer gezogen, hätten das Nötige
gelernt und wären zurückgekommen. Aber das Leben hätten wir bei unseren mageren, hamsternden
Müttern gelernt und nicht bei den geschlagenen
Kriegern mit den Granatsplittern in den Köpfen.
Ich hätte Hansi weiterhin besuchen können, meine Mutter und ich hätten uns beim Essen unter-
halten dürfen, statt das tyrannische Schlürfen meines Vaters zu ertragen, und Hinrich Schmidt wäre
dem verhängnisvollen Urteilsspruch eines Gene-
rals, der sein Vater war, entgangen.
Vor allem aber wäre uns die unbegreifliche Ver-
wandlung unserer Mütter erspart geblieben. Ehe
ich merkte, daß alles anders geworden war, fiel
mir auf, daß meine Mutter anders lachte, anders
als früher und anders als ich. Früher hatte es einfach aus ihr herausgelacht, so daß sie manchmal
gar nicht aufhören konnte zu lachen. Eines Tages

klang ihr Lachen plötzlich wie ein aufdringlicher Koloratursopran, und ihr Mund durfte sich auch nicht mehr hemmungslos in die Breite ziehen wie bei Clowns und Kindern, sondern bildete ein maßvolles Oval, wobei die Lippen die Zähne halb bedeckten. Mein Leben lang habe ich diese Art zu lachen an Frauen verachtet. Am wenigsten verstand ich damals, warum meine Mutter ständig behauptete, für die einfachsten Verrichtungen zu ungeschickt zu sein, obwohl ich genau wußte, daß es nicht stimmte. Sogar ich hatte gelernt, Sicherungen mit Silberpapier oder Draht zu flicken, und meine Mutter gab vor, nicht einmal zu wissen, wie man sie wechselt. Sie juchzte, als wäre sie zu Tode erschrocken, wenn es in der Wohnung plötzlich dunkel wurde. Dabei hatten wir jahrelang mit Verdunklung und Stromsperren gelebt. Zu einer Freundin hörte ich sie einmal sagen, man müsse den Männern wieder zu Selbstvertrauen verhelfen. Damals, glaube ich, sagte ich zu Hansi Petzke zum ersten Mal: meine Mutter ist doof, und Hansi sagte: meine auch.

Was hätte aus unseren Müttern werden können, wenn sie damals ihr Lachen behalten und zugegeben hätten, daß sie Sicherungen flicken konnten. Aber ihr Traum vom Glück stammte aus Friedenszeiten und das Lachen von Marika Rökk oder

Zarah Leander; eine Frau, eine richtige Frau, sangen sie und glaubten wohl auch daran. Sie haben die Chance dieses vermaledeiten Jahrhunderts vertan. In ihrer Macht stand es, einmal die Kette zu zerreißen, einmal die Söhne von den Vätern zu trennen, für dieses eine Mal nur, um zu sehen, was geschieht, wenn niemand da ist, dessen Kriegerpose, dessen Machtwort nachgeahmt werden kann; was geschieht, wenn Söhne und Töchter von Müttern erzogen werden, die ihren Verstand, ihre Lebenskraft und ihr Lachen nicht dem Selbstbewußtsein ihrer Männer zum Fraße vorgeworfen haben.

Ich kann mir einfach nicht vorstellen, daß wir die Lächerlichkeiten, die einem Frauenleben anhängen und von Natur aus anzuhängen scheinen, so willfährig hingenommen hätten, wären sie für den Kampf um die Partner- und Nachkommenschaft erläßlich gewesen. Aber als unsere Mütter die überlebenden Krieger wieder aufnahmen, fügten sie sich gleichzeitig den erschwerten Konkurrenzbedingungen einer Nachkriegszeit – auf einen Mann kämen zweieinhalb Frauen, hieß es damals –, als Seidenstrümpfe so knapp waren wie Lebensmittel und die Präsentation schöner Beine so aufwendige Beschaffungsaktionen erforderte wie die Eroberung eines Mannes mittels werbender Kochkunst.

Wahrscheinlich hätte meine Mutter schon darum niemals gewagt, meinem Vater das Schlürfen zu verbieten, weil die Kriegerwitwe Burkhardt aus dem ersten Stock ihre Sympathie für meinen Vater offen zur Schau trug und ihm sogar schon einmal ein Stück selbstgebackenen Streuselkuchen geschenkt hatte.

Ohne Kriege wären die Männer auch nur Menschen wie die Frauen, und das nicht, weil nur durch den Krieg bestimmte, den Männern zugeschriebene Eigenschaften wie Todesmut und Rittertreue verklärt wurden, sondern weil der Krieg die Männer so kostbar gemacht hat, indem er sie ausrottete. So kam es, daß sie für ihre furchtbarsten Taten von den Frauen am heftigsten geliebt wurden, so daß sie glauben mußten, ihre kriegerischen Eigenschaften seien an ihnen das Beste. Wie hätten sonst Hansis und mein Vater und der spätere General Schmidt, als sie aus diesem letzten und schlimmsten aller Kriege heimkehrten, sterbensmüde und von Blut besudelt, von eigenem und von fremdem, wie hätten sie sonst annehmen können, daß ausgerechnet sie berufen waren, die nächste Generation zu erziehen. Ich erinnere mich genau, wie meine Mutter, einige Jahre nachdem ich sie hatte sagen hören, man müsse den Männern wieder zu Selbstvertrauen verhelfen, und einige Tage, nachdem mein Vater Polizist geworden war, der gleichen Freundin zuflüsterte: In Uniform sieht er doch am besten aus. Ich fand, daß er in Uniform noch weniger aussah wie ein Mann, der mein Vater hätte sein können.

Es gab keinen vernünftigen Grund zu bezweifeln, daß ich von meiner Mutter abstamme, obwohl mir die Vorstellung, daß alles, was ich nicht von meinem Vater habe, wer immer es gewesen sein mag, von ihr kommen muß, sehr unangenehm, zuweilen auch peinlich war. Natürlich habe ich sie geliebt, aber nicht gern.

Ich kenne nicht viele Menschen, die wirklich gern von ihren Eltern abstammen, und noch weniger, die ihnen gleichen wollen. Im Gegenteil, fast alle Menschen, die ich kennengelernt habe, waren von der natürlichen Bedrohung, ihren Eltern ähnlich zu werden, so entsetzt, daß ihr Leben einem Slalomlauf um die ererbten Eigenschaften glich und sich auf die Art letztlich schicksalhaft erfüllte. Wäre meine Mutter weniger schamlos gewesen, sie selbst hätte die Bedenkenlosigkeit, mit der sie ihr üppiges Fleisch gern enthüllte, niemals schamlos genannt, aber wäre es ihr in den Sinn gekommen, als schamlos zu empfinden, was sie für natürlich hielt, hätte ich vielleicht eine Jugendliebe haben können, vielleicht auch nicht, aber vielleicht doch.

73

Ich ekelte mich vor Weiberfleisch, auch vor meinem eigenen. Zum Glück hatte meine Mutter mir nicht ihre bleiche, vom Gewirr der Adern bläulich marmorierte Haut vererbt und ihr rotblondes Haar; diese obszöne pastellfarbene Weiblichkeit mit dem blaßroten Büschel Schamhaar zwischen den prallen Schenkeln. Aber als die Zeit gekommen war, mußte ich erdulden, wie mein geschlechtslos magerer Körper die genetische Botschaft meiner Mutter erfüllte: er wurde weiblich, was mich vermutlich weniger oder auch gar nicht gestört hätte, wäre weiblich etwas anderes gewesen als meine Mutter. Ich glaube, daß meine Mutter alarmierend weiblich war.

Mein nackter Körper in seiner eindeutigen Bestimmung war mir widerwärtig. Ich verhängte ihn mit zu langen und zu weiten Männerpullovern, ich verweigerte ihm die Nahrung, um ihn an der Ausprägung seiner fleischigen Weiblichkeit zu hindern. Ich zwang ihn, beim Gehen nicht mehr zu bewegen als nur die Beine, um nicht eines Tages versehentlich bei jedem Schritt den Hintern zu schwenken wie meine Mutter. Wenn ich neben einem Mann lag, verbot ich meinem Körper, irgend etwas zu tun, wovon ich glaubte, daß Frauen wie meine Mutter es taten und der Mann hätte annehmen können, es geschähe, um ihm gefällig zu sein; auch, wenn ich dem Mann gefallen wollte.

Der erste, neben dem ich lag, war ein Jahr älter
als ich, und ich war siebzehn. Eines Tages nach
der Schule ging ich mit ihm nach Hause. Die Sonne
schien. Sein Zimmer war klein und schmal. An der
rechten Wand stand ein Holzbett, dem Bett direkt
gegenüber ein alter Kleiderschrank mit Spiegel-
türen. Er behauptete, er sei mit vierzehn von einer
Lehrerin verführt worden, an der Ostsee in einem
Zelt, und hätte seitdem wenigstens mit fünfzehn
oder zwanzig Frauen geschlafen, aber er hätte noch
nie eine entjungfert. Es tat weh, und im Spiegel sah
ich meine aufgestellten Beine zwischen den Rü-
schen meines Petticoats. Es kann sein, daß ich am
Ende zwischen Bett und Schrank gefallen bin und
daß wir beide darüber gelacht haben, aber das
weiß ich nicht genau. Ich glaube, er hieß Klaus
oder Peter oder Klaus-Peter oder so ähnlich.
An einen anderen, früheren Tag erinnere ich mich
besser. Wir warteten nach der Schule gemeinsam
auf die U-Bahn. Der Bahnhof war fast leer, nur
am anderen Ende versprengte ein Mann Wasser
aus einem Eimer und fegte danach den Bahnsteig.
Klaus-Peter trug eine dunkelgrüne, quergestrickte
Jacke mit Reißverschluß, Parallelo nannten wir
das, Klaus-Peters dunkelgrüner Parallelo hatte die
weitesten Ärmel, die ich je an einem Parallelo gesehen hatte. Er legte seine Arme in den gewaltigen

75

Ärmeln um mich und küßte mich. Aus der Jacke stieg ein warmer schweißiger Dunst, unter den sich der modrige Wind mischte, den der einfahrende Zug in den Bahnhof drückte.

Es ist der einzige Kuß aus der Zeit vor Franz, von dem ich noch weiß; der erste. Und dann der letzte, der endlose Kuß mit Franz.

Während der Sommerferien brachte Klaus-Peter mir eine Schildkröte. Er hatte sie in Rumänien gekauft oder gefunden und behauptete, sie sei ein Geschenk für mich. Ich glaube, seine Mutter hatte ihm verboten, sie zu behalten. Bei mir ist sie im Winter gestorben, weil ich sie in der Befürchtung, sie sei tot, geweckt, aber nicht gefüttert hatte. Das war schon lange nach der Nacht, die ich in Klaus-Peters Treppenhaus verbracht hatte. Ich weiß bis heute nicht, ob er, nachdem ich auf den Stufen vor seiner Wohnung heulend eingeschlafen war, nicht doch noch nach Hause gekommen ist und sich an mir vorbei ins Bett geschlichen hat. Mich weckte morgens ein älterer Mann, dessen Weg zur Arbeit ich behinderte, und schickte mich nach Hause. Ob ich denn gar keinen Stolz hätte, fragte er. Meine Mutter sagte, ich hätte das nicht nötig. Das hast du doch gar nicht nötig, sagte sie, weil sie es nie nötig hatte, oder doch nötig gehabt hätte und darum hoffte, daß wenigstens ich es nicht nötig haben würde, zumal ich, wie sie behauptete, schönere Beine hatte als sie. Ich hatte immer alles nötig.

Und du hast wirklich auf der Treppe gesessen, die ganze Nacht, fragte Franz.

Ja, sagte ich, und Franz sah mich an, als könnte auch er mich fragen, ob ich denn gar keinen Stolz gehabt hätte oder ob ich zu solchem Irrwitz etwa immer noch fähig sei. Wahrscheinlich befürchtete er, ich könnte eines Tages auf dem Treppenabsatz vor seiner Tür sitzen, hinter der er mit seiner Frau Maultaschen in Bouillon aß und nicht an mich dachte: durch die er verschwand, wenn er nachts um eins nach Hause fuhr, was bei Franz, der aus Ulm kam, hieß: Ich fahr heim. Heim ging Franz dorthin, wo er nicht heimlich war. Ich habe damals, vor vierzig oder fünfzig Jahren, viel Zeit damit verbracht, herauszufinden, was Franz und seine Frau hinter dieser Tür, deren Beschaffenheit ich genau zu kennen glaubte, miteinander taten. Wenn ich wußte, daß Franz mit seiner Frau ins Theater ging oder zum Essen eingeladen war, setzte ich mich am Abend um halb sieben oder sieben, wenn ich glaubte, es sei an der Zeit für die beiden, sich umzukleiden, in einen Sessel und beobachtete sie bei ihren Vorkehrungen für den ehelichen Ausgang. Ich sah, wie Franz ein frisches Hemd aus dem Schrank nahm, seine Schuhe putzte, die Kra-

watte band, wie seine Frau eine schwarzweißge-
streifte Seidenbluse knöpfte und sie mit Parfüm
einsprühte, dem gleichen, das Franz mir geschenkt
hatte. Ich habe es nie benutzt, wenn er mich besuchte, weil der Verdacht, Franz könnte mir das
von seiner Frau bevorzugte Parfüm geschenkt
haben, damit kein fremder Duft an ihm haftete
oder damit er nachts, wenn er seine Hand zwischen ihre Beine legte, mit ihr nicht ganz allein
war, weil dieser Verdacht mich nie verlassen hatte.
Ich sah, wie Franz seiner Frau in den Mantel half,
sie fand den Wohnungsschlüssel nicht, er lag auf
dem Küchentisch. Franz hielt den Autoschlüssel in
der Hand. Wir müssen uns beeilen, sagte er, nur
wenig ungeduldig. Dann endlich schnappte das
Schloß, und ich blieb allein. Manchmal schlich
ich ihnen auch nach bis in die Garage und beobachtete die perfekte Choreographie ihres Aufbruchs; wie sie den Schritt vor der Haustür kaum
merklich verlangsamte, damit er sie ohne Hast vor
ihr öffnen konnte, wie sie hindurchschritt und er,
die Tür mit den Fingerspitzen im Rücken haltend,
ihr folgte; die mühelose, tausendfach geübte Syn-
chronität ihrer Bewegungen und immer wieder
das Geräusch sich schließender Türen, Garagen-
türen, Autotüren.

*

78

Eigentlich weiß ich bis heute nicht, warum in Franz' Leben alles bleiben konnte, wie es war, während mein Leben weggespült wurde wie ein unverputztes Lehmhaus vom Wolkenbruch. Selbst wenn ich versucht hätte, es hier und da zu schützen, mit Planen oder mit den bloßen Händen, was ich nicht tat, hätte ich es nicht retten können. Es muß auch an dem Wandel der Zeit gelegen haben, der nur mich betraf und nicht Franz, der ja aus Ulm kam. Auch ohne Franz wäre in meinem Leben wenig unverändert geblieben. In den Jahrzehnten der Bandenherrschaft hatte ich mir einige Lebensmaximen aufgestellt und eine Ordnung um mich geschaffen, die nur als Reflex auf die Herrschaft des Absurden einen Sinn enthielten, sozusagen ein Minus, das nur in Kooperation mit einem anderen Minus ein Plus ergibt, die sich aber nach dem Ende der seltsamen Zeit nicht nur als überflüssig, sondern sogar als hinderlich und lästig erwiesen.

Allein die Schildkröten, warum hatten wir nur diese vielen Schildkröten. Ich glaube, es begann damit, daß eine Nachbarin oder Verwandte von uns ein Kind bekam und meine Tochter von mir verlangte, ihr einen Bruder oder eine Schwester zu gebären, wozu ich keinerlei Neigung empfand. Ich hatte mir ein Kind gewünscht, hatte es geboren, und ich liebte es. Obwohl ich wußte, daß ein Kind

die Reproduktion der Gattung nicht gewährleiste-
te und daß meine Abneigung, mich fortzupflan-
zen, entweder widernatürlich war oder auf eine
degenerative Entwicklung schließen ließ, überkam
mich schon bei der Vorstellung, weitere Kinder in
mir wachsen zu lassen, ein an Ekel grenzender
Widerwille, so daß mir eines Tages, als meine
Tochter wütend eine zweite Schwangerschaft von
mir forderte, ein grandioser Herpes simplex an
der Oberlippe erblühte.

Irgendwann gab das Kind auf und sagte, es sei
bereit, auf ein Baby zu verzichten, wenn es statt
dessen einen Riesenschnauzer bekäme. Ich glaube
nicht, daß es wußte, wie ein Riesenschnauzer aussieht, das Wort muß ihm gefallen haben. Einen
Riesenschnauzer hätte ich zwar nicht selbst gebären müssen, aber füttern, ausführen, kämmen
und zum Tierarzt bringen; ich wollte kein Baby,
und ich wollte keinen Riesenschnauzer. Als das
Kind begriff, daß es auch den Kampf um den
Riesenschnauzer verlieren würde, brachte es eines
Tages, ohne weitere Fragen, zwei kleine Katzen ins
Haus, die, wie das Kind erzählte, vor dem S-Bahn-
hof Schönhauser Allee öffentlich ersäuft werden
sollten, falls sich keine mitleidige Seele unter den
Zuschauern fände.

Innerhalb eines Jahres liefen durch unsere enge

Wohnung sieben oder acht Katzen, die alle in einem orangefarbenen Plastikeimer elendiglich ersoffen wären, hätte mein Kind nicht jedesmal vor dem Bahnhof Schönhauser Allee gestanden, um sie zu retten. Ich habe schon damals weniger an die Tierliebe als an die Rachsucht meines Kindes geglaubt, denn als ich ihm, aus Furcht vor weiteren Rettungsaktionen, anbot, die acht Katzen doch noch gegen einen Riesenschnauzer zu tauschen, sagte es: höchstens gegen ein Baby, und verließ, ohne mich anzusehen, den Raum.

Manchmal schloß sich das Kind mit allen Katzen in seinem Zimmer ein; dort hörte man es raunen und flüstern, bis es die Tür wieder öffnete und alle acht Katzen nacheinander und ruhig das Zimmer wieder verließen. Ich habe nie herausgefunden, was das Kind mit den Katzen trieb, wenn es sich mit ihnen einschloß. Aber die Katzen liebten das Kind und folgten ihm in sein Zimmer, sobald es sie rief, so daß es keinen Grund gab, gegen die seltsamen Zusammenkünfte einzuschreiten, wenn sie mir auch unheimlich waren, zumal es später häufiger vorkam, daß die Katzen wie auf Befehl aus dem Zimmer stürmten und in wildem Galopp durch die Wohnung jagten, über Tische, Betten und Regale sprangen, ohne allerdings auch nur einmal ein Glas oder eine Vase zu zerbrechen.

Diese Überfälle dauerten fünf oder zehn Minuten, dann, wieder wie auf ein geheimes Zeichen, zogen sich die Katzen einzeln oder zu zweit in ihre Ecken zurück, leckten sich das Fell und schliefen. Vielleicht bildete ich mir nur ein, daß mein Kind an solchen Abenden besonders ausgeglichen und vergnügt war, wahrscheinlich aber nicht. Ich fühlte mich schuldig, weil ich meiner Tochter das Baby vorenthielt, denn natürlich machte sie mich allein verantwortlich für dieses an ihr begangene Unrecht, obwohl ich genau wußte, daß meinen Ehemann der Gedanke an ein zweites Kind ebenso entsetzte wie mich. Aber schließlich konnte ich die Kinder bekommen und nicht er, womit die Schuld allein bei mir lag und mich verpflichtete, die Randale der Katzen und ein bestimmtes, nur sich selbst und die Katzen einschließendes Lächeln meines Kindes zu ertragen.

So lebten wir einige Jahre, bis mein Ehemann, der schon längere Zeit unter einem chronischen Schnupfen litt, eines Tages ein Attest auf den Küchentisch legte, in dem ihm eine Tierhaarallergie bestätigt wurde, die, sagte mein Mann, nach Ansicht des Arztes binnen kurzer Zeit zu Asthma und in der Folge sogar zum Tode führen könne, sollte der Patient weiterhin dem ständigen Kontakt mit behaartem Viehzeug ausgeliefert sein.

Das Kind, in jedem Arm eine Katze, saß mit angezogenen Beinen auf dem Stuhl und sah weder
seinen Vater noch mich an. Mein Ehemann sagte,
er sähe keine andere Möglichkeit, als sich eine
eigene Wohnung zu suchen und künftig allein zu
leben, worauf das Kind zu weinen begann. Ich habe
mich oft gefragt, was geschehen wäre, hätte ich, die
Schuldige in seinen Augen, das Kind vor diese
Alternative gestellt. Innerhalb einiger Wochen hatten wir alle Katzen an Freunde und Bekannte verteilt und ersetzten sie durch acht Schildkröten, für
die sich das Kind unter allen haarlosen Tieren
letztlich entschieden hatte.

Niemand von uns mochte Schildkröten. Plump
und stumm krochen sie von einer Zimmerecke in
die andere, fauchten unsinnig in die Luft, wenn sie
ihren Panzer zwischen Wand und Sofabein verkeilt hatten und glaubten, ein unsichtbarer Feind
hielte sie gefangen. Das Kind versorgte sie regelmäßig mit frischen grünen Blättern, sah ihnen gelangweilt zu, wenn sie ein von ihm errichtetes
Hindernis vergeblich zu überwinden suchten, aber
es berührte die kalten und harten, ganz und gar
katzenunähnlichen Tiere nie; nur wenn mein Ehemann oder ich die Notwendigkeit ihrer familiären
Zugehörigkeit vorsichtig anzweifelten, setzte es
sich eins von ihnen aufs Knie und strich ihm mit

den Fingerspitzen zärtlich über den Panzer. Für mich bedeutete die leibhaftige Existenz von acht Schildkröten in meiner Wohnung eine tägliche blasphemische Herausforderung. Während ich jeden Morgen meinen Kopf in den Nacken legte, um den wunderbaren, von den Weltenläufen dahingerafften Brachiosaurus zu begrüßen, zogen seine acht lächerlichen, aber überlebenden Verwandten ihre Kotspur über meinen Teppich. Ich weiß nicht, warum niemand von uns es wagte, die Tyrannei der Schildkröten zu beenden, sie in einen Sack zu stecken und in die nächste Zoohandlung zu tragen oder in den Park, von mir aus auch auf den Müll. Noch weniger verstehe ich, warum wir die Schildkröten behielten, nachdem das Kind schon weggegangen war, nach Australien oder nach Kanada. Wahrscheinlich hatten wir uns an unseren Abscheu gegen sie so gewöhnt, daß wir uns ein Leben ohne ihn nicht mehr vorstellen konnten. Ein Morgen, an dem wir nicht über die Schildkröten hätten fluchen und stolpern können, wäre uns vielleicht ganz öde und sinnlos vorgekommen. So muß es gewesen sein, bis ich Franz traf. Kurz darauf verschwanden die Schildkröten, wer weiß wohin, ich habe wohl vergessen, sie zu füttern, und sie sind gestorben. Oder mein Ehemann hat sie mitgenommen, als er sich unauffällig aus meinem Leben zurückzog. Aber auch ohne Franz hätten wir sie bestimmt nicht behalten, denn ich wollte endlich nach South Hadley, Massachusetts, in Pliny Moodys Garten reisen, um die berühmten vogelartigen Fußspuren zu sehen, und mein Ehemann wollte nach Pompeji.

*

Die Wahrheit ist, daß ich nie in South Hadley war. Ich bin aufgebrochen und nicht angekommen. In dem Sommer vor dem Herbst, in dem Franz eines Nachts meine Wohnung verließ und nicht mehr zurückkam, habe ich mir ein Flugticket nach New York gekauft, um von dort weiterzufliegen nach Holyoke, Massachusetts, und dann mit dem Bus oder mit der Bahn, falls es eine geben würde, nach South Hadley zu fahren. Unterwegs, wahrscheinlich in New York, vielleicht aber auch schon während des Fluges, in dem Zeitloch über dem Atlantik, habe ich eingesehen, daß mich die vogelartigen Fußspuren in Pliny Moodys Garten längst nicht mehr interessierten. Dabei hatte ich mich in den letzten Jahren der seltsamen Zeit nach keinem Ort der Welt so gesehnt wie nach Pliny Moodys Garten, was wohl an dem Namen Pliny Moody lag und daran, daß der Ort ein Garten war, Pliny Moodys Garten eben, durch den ich in allen Jahreszeiten spazierte und die vogelartigen Fußspuren mal aus dem Schnee grub und mal von schweren Efeuranken befreite. Pliny Moodys Garten war ein verwildertes, paradiesisches Stück Land, geheimnisvoll still, licht und doch schattig, wo ein weicher Wind die Hitze kühlte. Einmal hörte ich mir verwundert zu, wie ich das Lied »Am Brunnen vor dem Tore« auf Pliny Moodys Garten sang: »In Pliny Moodys Garten, da steht ein Lindenbaum.« Zur Zeit der Bandenherrschaft, als wir alle von fernen Ländern und Landschaften träumten wie Häftlinge von ihren Lieblingsspeisen, antwortete ich auf die ewige Frage, wohin ich fahren würde, wenn das Unmögliche dennoch geschähe: in Pliny Moodys Garten, und ich glaubte fest, daß ich das erste erreichbare Flugzeug besteigen würde, um nach South Hadley, Massachusetts, zu fliegen.

Das habe ich aber nicht getan. Ich hatte es nicht mehr eilig. Der Ort, den ich Pliny Moodys Garten nannte, gehörte mir plötzlich nicht mehr. Er war ein jedermann erreichbares Ziel geworden, womöglich eine Station für Reisegesellschaften aus aller Welt, die in klimatisierten Bussen mit Trokken-WC Horden halbnackter Touristen für eine halbe Stunde nach South Hadley transportierten, wo sie die längst eingezäunten vogelartigen Fußspuren fotografierten, Cola tranken und Würstchen aßen, bis der Bus sie wieder einsog, um sie zum nächsten Wasserfall oder in ein verlassenes Indianerdorf zu fahren. Ich fürchtete, daß Pliny Moodys Garten meiner Sehnsucht nicht standhalten und sie im schlimmsten Fall sogar widerlegen könnte. Trotzdem sprach ich oft davon, so bald wie möglich nach South Hadley zu fahren, wobei mir jedes Hindernis willkommen war. Mal fehlte mir das Geld, mal die Zeit, oder ich fühlte mich nicht gesund. Und dann traf ich Franz.

Ich fragte Franz, ob auch er einen Ort hätte, nach dem er sich sehne.

Ich weiß nicht, sagte Franz, vielleicht, ja. Er träume davon, das Innere eines Ameisenbaus zu bereisen, sagte er.

Für einen Hautflüglerforscher wie Franz war das ein einsehbarer Wunsch, wenn er auch bewies, daß die Sehnsucht, sobald sie die Möglichkeiten erschöpft hat, sich nach dem Unmöglichen streckt. Aber ich glaube nicht, daß ich das damals schon gewußt habe; das weiß ich erst, seit Franz mich verlassen hat.

Franz standen, im Gegensatz zu mir, unzählige lebende Exemplare der von ihm zu erforschenden Spezies zur Verfügung. Zu jedem interessanten Ameisenvolk, von dem er hörte, hat er sein Leben lang reisen dürfen. Ausgerüstet mit Spezialmikroskopen und -kameras konnte er auf das Werden und Sterben Hunderter, Tausender Völkerschaften und Generationen sehen, als wäre er ihr Gott. Von Sintfluten und Erdbeben hat er sie heimsuchen lassen, von Eiszeiten und Hitzekatastrophen, um sich an ihrem unausrottbaren Lebenswillen zu ergötzen. Er hat ihnen fremde Königinnen aufgezwungen und damit Revolutionen provoziert. Er hat Völker ihrer gesamten Nachkommenschaft beraubt, um zu erfahren, ob sie auch das überleben. Und alles hat ihm nicht genügt. Er wollte, was er nicht konnte: klein sein wie sie, mit ihren Facettenaugen sich durch das Dunkel der Erdgänge tasten, aufschauen zu sich selbst, das Schrecken verbreitende Unerkennbare; einen oder zwei Tage leben wie die, über die er alles wußte und denen er das Letzte doch nicht nachspüren konnte: die Macht des Gesetzes, nach dem sie tun, was sie tun.

*

Das Jahr, in dem Emile starb, war das Jahr der Freiheit, jedenfalls wurde es später üblich, es so zu nennen, in den Zeitungen und öffentlichen Ansprachen; auch wer Pathos in seiner privaten Rede nicht scheute, konnte schon mal vom Jahr der Freiheit sprechen, und wenn etwas, das kommt wie der Wind, der Schweres von Leichtem trennt,

Loses von Festem und Flüchtiges von Verwurzeltem, wenn so etwas die Freiheit ist, dann war das ihr Jahr. Damals schien es, als bliebe nichts, wie es war. Es gab neues Geld, neue Ausweise, neue Behörden, neue Gesetze, neue Uniformen für die Polizei, neue Briefmarken, neue Besitzer, die eigentlich die alten waren, die man zwischendurch aber für vierzig oder dreißig Jahre von ihrem Besitz suspendiert hatte; Straßen und Städte wurden umbenannt, Denkmäler abgerissen und neue Militärbündnisse geschlossen.

Mir war das alles nicht genug. Ich wünschte mir etwas Gewaltiges, in das all die Briefmarken, Straßennamen, Uniformen münden sollten, die fortgesetzte Bewegung in einer anderen Dimension, eine dramatische Klimaveränderung vielleicht, eine Flutwelle oder eine sonstige Katastrophe, auf jeden Fall etwas, das größer war als der Mensch und sein wechselhaftes Streben. Natürlich geschah nichts. Wenn ich morgens auf die Straße trat, um in unser Museum zu fahren, hatten die Menschen die gleiche Hautfarbe, sprachen die gleiche Sprache, das Wetter war, wie man es von der Jahreszeit erwartete, die Straßenbahn fuhr zwar unter einer anderen Nummer, aber die gleiche Strecke; wenigstens das änderte sich später, als die Decke der ganzen Stadt aufgerissen wurde, um sie mittels modernster Technik zu verdrahten und zu kanalisieren, und als ganze Bezirke tagelang von der Außenwelt abgeschnitten waren, weil man vergessen hatte, einen Zufahrtsweg zu sichern.

Dabei kann ich mich erinnern, daß damals kaum jemand meine umstürzlerische Gier teilte. Die meisten Menschen verkrallten sich ängstlich in Vertrautem, das dem allgemeinen Wandel nicht unterlag und das nicht über Nacht einfach aufgelöst oder umbenannt werden konnte. Ehepaare, von denen ich geglaubt hatte, daß sie kaum mehr Worte wechselten, als der Alltag ihnen abverlangte, hielten sich plötzlich bei den Händen, wenn sie die Neuheiten der Stadt besichtigten; in ihren Blicken füreinander lag statt dumpfen Spotts, wie noch ein Jahr zuvor, dankbare Verschworenheit. Scheidungen, die schon eingereicht waren, wurden massenhaft zurückgenommen. Jeder griff blind neben sich und hielt fest, was er bis dahin sein eigen genannt hatte, auch das längst Verworfene, von dem man schließlich nicht wissen konnte, ob es sich unter den neuen Verhältnissen nicht doch als nicht unnütz erweisen würde.

Karin und Klaus kannte ich seit der Schulzeit. Sie waren, was ich nie hatte, eine Jugendliebe. Hätte mich jemand gefragt, was eine Jugendliebe ist, hätte ich gesagt: Karin und Klaus. Eine Jugendliebe ist nicht einfach eine Liebe, die der Mensch in seiner Jugend hat. Sie ist das Unvergleichliche, weil der, dem sie zustößt, noch nichts erlebt hat, woran sich seine Liebe messen ließe. Sie ist einzig um ihrer selbst willen da. Sie muß noch keine Enttäuschung überwinden, kein vorheriges Glück übertreffen, nichts widerlegen, nichts korrigieren, nichts ersetzen. Daß Karin und Klaus füreinander bestimmt waren, wußten wir anderen schon, ehe die beiden während der Pausen dicht nebeneinander am Zaun des Schulhofes lehnten, manchmal allein, oft auch umringt von ihren Mitschülern, von denen sie verehrt wurden als die zwei, die den unbegreiflichen, allen bevorstehenden Wandel schon hinter sich gebracht hatten, die schon als schöne Schmetterlinge in dem staubigen Dunst über unserem Schulhof tanzten, während wir in unseren Kokons noch ängstlich abwarteten, als was wir uns eines Tages entfalten dürften. Es war unmöglich, angesichts von Karin und Klaus nicht daran zu denken, wie sie mit dreißig aussehen würden oder mit vierzig, welche Namen sie ihren Kindern geben und wie sie ihre Wohnung einrichten würden.

Ihre Kinder nannten sie Cornelius und Catherine. Ich glaube, für die meisten Menschen verheißt der Buchstabe C eine gewisse Exklusivität. Ein geschriebenes C für ein gesprochenes K veredelt jeden

Namen und verhilft ihm zu einer diskreten Welt-
läufigkeit.

Karin und Klaus jedenfalls nannten ihre Kinder
Cornelius und Catherine, was für mich nicht anders klang als der sehnsüchtige Allerweltssatz:
Unsere Kinder sollen es einmal besser haben, für
den Eltern von den Bergen in die Täler gezogen
sind, aus den Dörfern in die Städte, von überall
nach Amerika.

Ich nehme an, daß Karin und Klaus längst gestorben sind, ihre Kinder vielleicht auch. Es könnte
mir gleichgültig sein, weil es für mein Leben keinen Unterschied macht, ob sie gestorben sind oder
nicht. Ich würde sie, auch wenn sie noch lebten,
nicht treffen; und wenn ich sie träfe, würde ich sie
nicht erkennen, allein wegen meiner verdorbenen
Augen. Aber ganz bestimmt könnte auch kein
Mensch mit guten Augen in ihnen noch finden,
wofür sie damals vier Jahrgängen an unserer
Schule galten. Karin und Klaus waren Adam und
Eva, Romeo und Julia, Ferdinand und Luise, Phi-
lemon und Baucis, ein Liebespaar auf Leben und
Tod.

Meine Bewunderung für die beiden kann nicht ohne Argwohn, sogar nicht ohne Mißgunst gewesen
sein. Sonst hätte das Einweckglas mit Mayonnaisesalat, das Karin aus einem liebevoll sortierten

Picknickkorb hob und auf ein Küchenhandtuch stellte, das sie auf dem Rasen ausgebreitet hatte, nicht ein Gefühl hochmütiger Erleichterung in mir ausgelöst. Es war unser letzter Schulausflug, eine Dampferfahrt von Treptow in die Nähe von Königs-Wusterhausen, von der mir nicht mehr in Erinnerung geblieben ist als der gondelförmige, von einem karierten, an beiden Seiten des Henkels verknoteten Tuch bedeckte Korb, den Klaus mit stummem Widerstreben, wie ich zu erkennen glaubte, von der Dampferanlegestelle zur Badewiese trug. Karin und Klaus lagerten abseits von den anderen, aber nicht so weit, daß mir die strenge Sorgfalt entgangen wäre, mit der Karin das Handtuch auf der Wiese deckte wie einen häuslichen Mittagstisch: Besteck, Gläser, Tee mit Zitrone, gekochte Eier, ein Salzstreuer, Buletten, ein kleines Glas Apfelmus und das große Glas mit dem Mayonnaisesalat. Karin und Klaus saßen einander gegenüber und kauten. Wahrscheinlich war die Szene weniger ernst gemeint, als sie wirkte. Karin und Klaus spielten, wie wir alle schon zehn Jahre vorher Vater, Mutter, Kind gespielt hatten. Trotzdem gab ich sie an diesem Nachmittag verloren. Ich hatte einen Blick in ihre Zukunft geworfen und wußte, sie waren kein Liebespaar auf Leben und Tod, sie waren ein Ehepaar fürs Leben.

Beide wurden Ingenieure, Bauingenieure oder Maschinenbauingenieure, ich habe es vergessen oder nie gewußt. Später bauten sie ein Haus, einen langen Flachbau, dem, sobald Karin und Klaus wieder etwas Geld gespart hatten oder wenn eins ihrer Kinder geboren war, ein Stück angebaut wurde. Nach der Geburt von Catherine schrumpfte der Garten auf einen schmalen Rasenstreifen zwischen der hinteren Hauswand und dem Maschenzaun. Die Garage schloß die Lücke zwischen der seitlichen Wand und der Ligusterhecke des Nachbargrundstücks.

Meine sonntäglichen Spaziergänge in die Schönholzer Heide lenkte ich manchmal durch die Straße, in der die beiden wohnten. Klaus war meistens nur durch die von ihm verursachten Geräusche, Hammerschläge oder Kreissägenschreie, anwesend, während Karin, mit einem Bikini und dunkelblauen Gummistiefeln bekleidet, eine Schubkarre mit Gartenabfällen belud oder sie zum Komposthaufen schob. Später trug sie statt des Bikinis einen einteiligen Schwimmanzug, in den letzten Jahren ein abgelegtes Hemd von Klaus darüber.

Uns gelingt einfach alles, sagte Karin manchmal; die Kinder, das Haus, Klaus sei jetzt Abteilungsleiter, sie selbst arbeite nur noch sechs Stunden am Tag, obwohl sie ihren Beruf wirklich, wirklich

94

liebe, aber jemand müsse sich schließlich um den Haushalt kümmern, und die Abende wollten sie für sich haben. Sie klopfte vorsichtshalber gegen ihren Schädel, um das Glück mit ihrer Prahlerei zu versöhnen, und versäumte es nie, mir ihre fleischig blühende Kakteenzucht vorzuführen; die glückliche Hand mit den Pflanzen hätte sie von ihrer Mutter geerbt, sagte sie.

Heute noch habe ich den Ton im Ohr, in dem Karin jedem Anrufer ihren Namen entgegenjubelte, dreimal, viermal, fünfmal am Tag das hochgestimmte »Lüderitz«, als wären diese drei Silben die triumphale, der Welt nicht vorzuenthaltende Konsequenz eines vorangegangenen Satzes, der nur heißen konnte: hier ist die glückliche Frau – Lüderitz.

Jedes Jahr, das ihre Ehe währte, jede Ehe, die in der Nachbarschaft zu Bruch ging, schliffen die anfänglichen Unebenheiten aus Karins Stimme; und wenn in den ersten Jahren ihr siegreiches Signal noch von wahrem Glück getragen war, so mischte sich mit der Zeit ein aufreizender Ton der Genugtuung darunter, bis er eines Tages die ganze Botschaft war, als bestünde für Karin das Glück mittlerweile in der nichtvorhandenen Notwendigkeit, es zu dementieren. Es war am Ende der seltsamen Zeit, als ich bei Karin anrief, um zu fragen, ob sie wüßte, wie ich zu einer neuen Badewanne kommen könnte. Lüderitz – eine Stimme wie zerbrochenes Glas, ganz ohne Verheißung, ganz tonlos. So wie sie fast dreißig Jahre lang den Namen Lüderitz als Schlachtruf ihres Glücks gebraucht hatte, diente er ihr nun zur Verkündung ihres Unglücks: hier ist die unglückliche Frau Lüderitz. Mitleid hatte ich nicht. Wäre einem ihrer Kinder etwas zugestoßen oder wäre sie selbst sterbenskrank gewesen, hätte ich Mitleid gehabt. Aber daß Klaus eine andere liebte, eine jüngere natürlich, wenn auch nicht viel jünger, was Karin nicht recht zu sein schien, daß Klaus von Scheidung sprach und mit der Neuen demnächst verreisen wollte, hörte ich ungerührt, nein, mehr, ich war erbarmungslos. Ich gönnte ihr den Schmerz und ihre Verletztheit, sogar die Banalität ihres Unglücks fand ich gerecht, und gleichzeitig hielt ich sie so, beraubt ihrer monströsen Unversehrtheit, zum erstenmal für meinesgleichen. Sie magerte ab zu fast kindlicher Gestalt, und aus einiger Entfernung betrachtet, erinnerte sie manchmal an das verliebte Mädchen auf dem Schulhof, wenn die Verwirrung in ihren Augen jetzt auch von dem Leid herrührte, das sie gänzlich unvorbereitet getroffen hatte und von dem sie selbst nicht genau zu sagen wußte, woraus es sich zusammensetzte.

Glaub mir, sagte sie, wäre er gestorben, ginge es

mir besser. Sie sei es eben nicht gewöhnt, verlassen zu werden. Andere Männer als Klaus hätte sie nicht gekannt. Für mich wäre so etwas gewiß leichter zu ertragen, sie erinnere sich genau an meine Geschichte mit Klaus-Peter und später noch an andere, ich sei für solche Schläge trainiert, aber sie, Karin, sei fürs Unglück nun einmal nicht gemacht.

Später, als Franz zu mir sagte, er könne seine Ehefrau nicht verlassen, weil sie so wenig für ein Unglück trainiert sei, bekam ich einen Schreikrampf.

Zu Karin sagte ich: Warte es ab, und wünschte sie zur Hölle.

Ein halbes Jahr nach dem Ende der seltsamen Zeit und einige Wochen, nachdem ich Franz getroffen hatte, sah ich Karin und Klaus wieder. Hand in Hand standen sie vor einem Schaufenster von Wiesenhavern am Ku'damm Ecke Knesebeckstraße. Einen Augenblick überlegte ich, ob meine Neugier größer war als die Peinlichkeit, die mich erwartete, wenn ich die beiden ansprächt. Aber der von Yamaha sieht besser aus, hörte ich Karin sagen, dann war ich an ihnen vorbei. Sie standen wieder beieinander wie damals auf dem Schulhof, und selbst wenn Klaus nur zurückgekommen war, weil seine junge Freundin von der neuen Zeit längst weggetragen worden war an ferne Gestade, hätte er es Karin nicht gesagt und mir schon gar nicht. Statt dessen werden sie sich erzählt haben, daß das Ende der Freiheitsbande schon deshalb ein Segen war, weil es sie, Karin und Klaus, wieder dahin geführt hat, wo sie hingehörten, in ihr Haus, das sie Stein für Stein selbst gebaut hatten und in dessen Garten sie beide nebeneinander hätten begraben werden wollen, wäre das nicht verboten gewesen. Schließlich glaubte ja auch ich manchmal, daß die Mauer in Berlin nur eingerissen worden war, damit Franz mich an diesem Morgen unter dem Brachiosaurus hatte treffen können.

Ich glaube, daß es Karin und Klaus bis zum Ende gut gegangen ist. Die Zeit, diese neue, unseltsame, auf Gewißheiten versessene Zeit hat ihnen recht gegeben. Ich habe sie nicht mehr angerufen und weiß darum nicht, welche Botschaft Karin mit ihrem »Lüderitz« fortan verkündete. Sie hatte eine helle Stimme, es wird fanfarengleich geklungen haben.

Den unverhofften Zeitenwandel verstand damals jeder als das Signal, auf das er insgeheim gewartet hatte. Ob jemand sich endgültig der Resignation hingab oder ob er, auch um den Preis katastrophalen Scheiterns, die Chance eines zweiten Lebens annahm, entschieden vor allem sein Charakter

und der Zustand seiner geheimen Sehnsüchte, ob
sie vertrocknet und verwahrlost vor sich hindäm-
merten, oder ob sie gut genährt in ihrem Versteck
saßen und lebenswütig die Befreiung erwarteten.
Ich traf Franz.

*

Franz und ich sitzen zwischen den fleischfressen-
den Pflanzen. Franz zupft an den Saiten einer
Gitarre, die er selbst mitgebracht oder die meine
Tochter damals, als sie auszog, vergessen hat.
Es ist alles so lange her, sagt Franz.
Ja, sage ich, es ist alles sehr lange her.
Wir waren noch nicht alt, als wir uns trafen,
jedenfalls fand ich Franz nicht alt und er mich
nicht. Aber ebensowenig waren wir jung, was den
Vorteil hatte, daß wir uns viel erzählen konnten.
Wie hieß das, woraus die Schuhe waren, damals
nach dem Krieg, fragt Franz.
Igelit.
Igelit hieß das, ja, sagt Franz, Igelit.
Und ich sage auch noch mal: Igelit, Igelit. Und
hast du auch getrocknete Kartoffeln gegessen?
Natürlich, sagt Franz, aber die roten lieber, die
waren süßer als die weißen.
Nein, Franz sagt nicht natürlich, er sagt freilich.
Wozu ich natürlich sage, das nennt Franz freilich,
weil ich aus Berlin bin, und Franz ist aus Ulm.

Darum hat Franz von den Besatzungssoldaten nach dem Krieg auch Schokolade und Kaugummi bekommen und ich nichts, denn Franz' Soldaten waren Amerikaner, meine waren Russen, die hatten selber nichts.

Dann stelle ich Franz die Frage, die jedem Mann meiner Generation, sofern er sie mit Ja beantworten muß – und das müssen die meisten – ein übertrieben herzliches Gelächter abnötigt: die Frage nach dem Leibchen, das, sobald das Wort ausgesprochen war, in jedem Detail beschrieben werden mußte, dieses hemdchenähnliche, vorn oder hinten zu knöpfende, mit langen Strumpfhaltern versehene Kleidungsstück, das Knaben wie Mädchen zugemutet wurde, für Knaben aber eine besondere Demütigung bedeutete. An Hansis von Strumpfhaltern bespanntes Schenkelfleisch zwischen den kurzen Hosenbeinen und den dunkelbraunen gerippten Baumwollstrümpfen mit den weißen Wäscheknöpfen für die Strumpfhalter an der Seite erinnere ich mich genau. Später durfte Hansi lange Hosen tragen, während mir ein atlasseidenes, biederes, zugleich mit Peinlichkeit behaftetes Stück weiblicher Unterbekleidung verpaßt wurde, ein sogenannter Strumpfhaltergürtel oder Hüfthalter, wobei nicht klar war, ob er außer den Strümpfen auch die Hüfte zu halten hatte oder diese ihn.

Wenn ich mein von rosa Gummistrapsen prostitu-
iertes Bein betrachtete, mußte ich oft an Hansis
unschuldige Knabenschenkel denken und an das
verhaßte Leibchen, das ich nun über meiner sich
zögernd wölbenden Brust nicht mehr tragen durfte. Statt dessen schenkte mir meine Mutter einen
ebenfalls atlasseidenen rosafarbenen Büstenhalter,
den, obwohl er lächerlich klein war, meine Brüste
längst nicht füllten. Trotzdem bestand meine Mutter darauf, daß ich ihn trug. So, glaube ich, begann
mein Leben als Frau.

Franz gab zu, daß auch er wenigstens einen Winter lang ein Leibchen tragen mußte. Aber seine
Mutter, eine große Verehrerin männlicher Tugen-
den, die, wie Franz glaubte, bis ins Alter bedauert
hat, als Frau geboren zu sein, hätte ihrem einzigen
Sohn diese Schmach nicht länger als unvermeidlich zugemutet.

Ihren beiden Töchtern wird auch sie rosa oder
weiße Strumpfhaltergürtel und Büstenhalter ange-
legt haben wie einem Pferd das Zaumzeug. Franz
durfte studieren, die Schwestern Annemarie und
Erika gingen zur Handelsschule und in die renom-
mierteste Tanzstunde von Ulm, wo Annemarie, die
jüngere, einen Abiturienten aus einer akzeptablen
Familie kennenlernte, mit dem sie sich eineinhalb
Jahre später verlobte und weitere vier Jahre später

verheiratete. Erika mußte noch zur Reitschule geschickt werden. Nach einem erfolglosen halben Jahr entschloß sich die Mutter, auch noch das Geld für den Tennisclub aufzubringen, was sich später als unnötige Ausgabe erwies, denn kurz darauf fand sich doch im Reitclub ein geeigneter Kandidat, ein fünfzehn Jahre älterer Bauingenieur, der seine anfänglichen Skrupel wegen des Altersunterschieds überwand und bereits nach drei Monaten der näheren Bekanntschaft um Erikas Hand anhielt.

Ja, die fünfziger Jahre, sagt Franz, aber die Ehen haben gehalten.

Seit wann gibt es eigentlich Strumpfhosen, frage ich.

Franz zupft an der Gitarre, starrt auf seine mageren Füße, die bleich und lang auf dem schwarzen Laken liegen. »Es hängt ein Pferdehalfter an der Wand«, singt Franz.

Strumpfhosen, ich weiß nicht, Heidrun hatte noch keine. »Fragst du mich, warum ich traurig bin ...« Franz singt so schön, daß ich nur sehr leise, fast unhörbar mitzusingen wage.

Ich frage nicht, wer Heidrun ist, denke aber, daß sie Franz' Jugendliebe war, das dunkelhaarige Mädchen auf dem Foto, das er mir einmal gezeigt hat, und wenn nicht diese, dann eine andere, an die er sich genau erinnert, so genau, daß er die

Strumpfhalter an ihren Schenkeln vor sich sieht, so wie ich die von Hansi Petzke.

Franz kannte viele Lieder, manche kannte ich auch, zum Beispiel das von den wilden Schwänen, die auszogen und danach nicht mehr gesehen waren. Oder das Lied, in dem ein Mädchen nach ihrem Liebsten ruft: »Mein Liebster, bist du tot?« weil der Garten, von dem sie geträumt hat, ein Friedhof war und das Blumenbeet ein Grab. Die Lieder hatte ich in der Schule gelernt, was Franz verwunderte. Daß eine andere, ältere Zeit in unserer seltsamen Zeit fortgelebt hatte, konnte er sich nicht vorstellen.

Dabei ist es an dem Lagerfeuer von Franz' Alpenverein wahrscheinlich ähnlich zugegangen wie an unserem, nur die Lieder waren andere. Wir sangen »Spaniens Himmel breitet seine Sterne über unsern Schützengräben aus« und »Katjuscha«, während Franz und sein Alpenverein ihren mehrstimmigen Gesang dem Zillertal und dem Edelweiß widmeten: »Zillertal, du bist mei Lust« und: »Das schönste Blümlein auf der Alm, das ist das Edelweiß«.

Aber »Jetzt fahr'n wir übern See, übern See« und »Laurentia, liebe Laurentia mein« und »Ännchen von Tharau« und »Wahre Freundschaft« sangen wir alle, was ich mir, anders als Franz, schon immer so gedacht hatte.

Nur die Kirchenlieder, die kannst du nicht, sagt Franz.

Das Besondere an Franz ist, daß er mich an niemanden erinnert. Wenn mir ein mit Franz vergleichbarer Mann aber nie zuvor begegnet ist und wenn mir Franz trotzdem vertraut ist wie kein anderer Mann, den ich länger und genauer gekannt habe als ihn, kann das nur bedeuten, daß ich mir, ehe ich Franz traf, ein Bild von ihm gemacht haben muß; nicht ein Bild von Franz, dem Hautflüglerforscher aus Ulm, sondern von einem, der sich als letztendlicher Sinn aller himmelschreienden Sehnsucht eines Tages offenbaren würde, offenbaren mußte, weil sonst diese ganze umtriebige Hoffnung ein gemeiner Betrug der Natur gewesen wäre, eine paradiesische Fata Morgana auf dem Weg ins Verdursten.

Ich gebe zu, keine Kirchenlieder zu kennen, und biete statt dessen an, die Stalinhymne auf russisch vorzusingen. Franz lacht. Entweder glaubt er nicht, daß ich die Stalinhymne auf russisch singen kann, oder er findet komisch, daß ich es kann. Ich knie mich auf, gürte meinen Morgenmantel fester und singe so inbrünstig, wie ich es damals, elf- oder zwölfjährig, in der Schule gelernt habe:

О Сталине мудром,
родном и любимом,

прекрасную песню
поёт весь народ.

Ich glaube, daß es ein Fehler war, Franz dieses
Lied vorzusingen, jedenfalls es so vorzusingen, wie
ich es getan habe: doppelt furchtbar, verdorben im
Glauben und hemmungslos im Verrat. Schon während ich sang, hatte ich das Gefühl, daß in Franz,
obwohl er sich vergnügt gab, etwas aufglomm, das
verächtlich zu nennen wohl übertrieben, befremd-
lich aber zu geringfügig wäre.
Vielleicht hat er von mir mehr Scham erwartet für
meinen fehlgeleiteten Glauben, und wenn ich mich
schon nicht schämte, hätte ich mich selbst nicht so
verhöhnen dürfen. Vielleicht dachte Franz, daß
jemand, der seinen frühen, wenn auch falschen
Glauben so preisgeben konnte, immer alles preisgeben würde, daß so einem, wie meine Mutter gesagt hätte, gar nichts heilig war. Franz glaubte
auch nicht an den Gott, von dem er sang, aber er
verhöhnte ihn nicht, ihn nicht und sich selbst
auch nicht. Franz hatte eben das Glück, daß man
ihm die richtigen Lieder beigebracht hat. Wahrscheinlich kennt heute, dreißig oder vierzig Jahre
später, kein Kind, auch kein russisches Kind mehr
die Stalinhymne, aber die Kirchenlieder lernen sie
immer wieder. Als Franz einmal, fast unsichtbar,

im Schatten der Nacht und nur als Stimme wahr-
nehmbar, leise sang: »So nimm denn meine Hände und führe mich, bis an mein selig Ende und
ewiglich«, dachte ich, er sänge es ohnehin nur für
mich.

An dem Abend, als ich für Franz die Stalinhymne
sang, vergaß ich den keimenden Verdacht, den ich
in seinen kleinen hechtgrauen Augen wahrzuneh-
men glaubte, bald wieder. Erst später, nachdem
Franz verschwunden war und ich jeden Satz, jeden
Blick, jede Geste zurückrief, um in ihnen die ersten
Zeichen des Verrats zu suchen, erinnerte ich mich
meines kleinen Unbehagens, von dem ich letztlich
bis heute nicht genau weiß, ob es nicht ganz aus
mir selbst kam, ob ich nicht glaubte, Franz müsse
mich verdächtigen, weil ich selbst nicht sicher
war, ob meine mutwillige Selbstverhöhnung nicht
nur ein ehrenhafter Versuch war, das Nichts, das
mein unschuldiger grandioser Irrtum in meiner
Seele hinterlassen hatte, zu verbergen.

Es fällt mir mit den vielen Jahren, die seitdem vergangen sind, immer schwerer, die erste Erinnerung zu bewahren. Ich befürchte manchmal, sie
gar nicht mehr zu kennen. Mit den Erinnerungen
verhält es sich wie mit dem Fremdkörper im Innern
einer Perle, zuerst nur ein lästiger Eindringling ins
Muschelfleisch, den die Muschel mit ihrem Man-

telepithel umschließt und eine Perlmuttschicht nach der anderen um ihn wachsen läßt, bis ein schillerndes, rundes Gebilde mit glatter Oberfläche entsteht; eigentlich eine Krankheit, von den Menschen zur Kostbarkeit erhoben. Sicher weiß ich nur, daß Franz an diesem Abend bei mir war, daß ich ihm, im Bett kniend, die Stalinhymne vorgesungen habe, daß er unbestimmte Zeit später, in einer Nacht im Herbst, es hat nicht geregnet, meine Wohnung verlassen hat und nicht zurückgekommen ist. Daß zwischen den beiden Ereignissen ein Zusammenhang besteht, kann wahr sein und ebensogut das Ergebnis meines andauernden sinnsuchenden Erinnerns.

An diesem Abend bat ich Franz, noch einmal das Lied vom Wildschütz Jennerwein zu singen. Von allen Liedern, die Franz kannte, hörte ich das am liebsten, und ich glaube, daß er es auch am liebsten sang. Die Bluttat, von der es berichtete, war so traurig, wie seine Reime komisch waren. Franz sang es mit einer mannhaften, in sich gekehrten Entrüstung, wie seine Verfasser es gesungen haben mögen, als sie ihren gemeuchelten Josef oder Alois Jennerwein zu Grabe trugen. An den Text kann ich mich, wohl wegen seiner stolzen Ungeniertheit, bis heute erinnern:

Es war ein Schütz in seinen besten Jahren,
der wurde weggeputzt von dieser Erd.
Man fand ihn erst am neunten Tage
zu Schliersee auf dem Peissenberg.
Auf hartem Fels hat er sein Blut vergossen
und auf dem Bauche liegend fand man ihn.
Von hinten war er angeschossen,
zerschmettert war sein Unterkinn.
Pfui deinem Schuß, du feiger Jager.
Der Schuß bringt dir kein Ehrenkreuz.

Obwohl Franz nicht im geringsten an einen bayrischen Bergbauern des neunzehnten Jahrhunderts erinnerte, empfand ich eine unbestimmte Verwandtschaft zwischen dem Lied und ihm. Franz schien sich in dem archaischen männlichen Gestus, den er für die Dauer des Gesangs annehmen durfte, zu gefallen; und mir gefiel er auch.

Franz und ich hielten uns für ein Wunder. Wahrscheinlich halten sich alle Liebenden für ein Wunder; wir uns eben auch. Natürlich war das Wunder nicht, daß wir dieselben und verschiedene Lieder kannten, wenn unsere nächtlichen Gesänge auch eine wundersame Art waren, einander die Lebensgeschichten zu erzählen. Das eigentliche Wunder waren unsere Körper, die, seit Franz zum ersten Mal mit seinen Fingerrücken meine Wange berührt hatte, mehr zu wissen schienen als wir. Auch wenn ich selbst nicht genau sagen kann, wer wir ohne unsere Körper eigentlich sind, ist die Behauptung, sie seien in unserem Fall eigenmächtige Akteure gewesen, ganz sicher nicht falsch. Sie sehnten sich nacheinander, als hätte man sie ihr Leben lang gewaltsam voneinander ferngehalten, und wenn sie sich endlich wieder ineinander verschlingen durften, kam eine erschöpfte Seligkeit über sie, als hätten sie endlich, endlich ihr Ziel erreicht, als sei es ihre Bestimmung gewesen, einander zu finden, und als seien sie sich der Gefahr, diese Bestimmung zu verfehlen, immer bewußt gewesen. In unserem Alter hätte man nicht einmal behaupten können, unsere Körper folgten in blinder Gier dem arterhaltenden Diktat der Natur. Eher mag es der Gedanke an das Ende gewesen sein und die Angst vor dem unwiderruflichen Versäumnis, die allem, was in uns jung war, zu bedenkenloser Herrschaft verhalfen. Es ist das Junge, das Unbelehrte in uns, das liebt. Das Alter erfindet sich gegen die Trostlosigkeit verschiedene Gefühle, die man, obwohl sie mit meiner Leidenschaft für Franz nichts, gar nichts zu tun haben, auch als Lieben bezeichnet: Tierliebe, Kinderliebe, Naturliebe, Liebe zur Arbeit und zu Gott, Menschenliebe, Musikliebe, Kunstliebe im allgemeinen und so weiter.

Der belehrte Mensch liebt, was sich ihm nicht entziehen kann. Er kauft sich einen Hund und liebt ihn. Wenn der Hund stirbt, kauft er sich einen neuen und liebt den Hund weiter. Ich habe es mir leicht gemacht; ich liebte, ehe ich Franz traf, den ewigen Brachiosaurus.

*

Franz und ich liegen nicht zwischen den fleischfressenden Pflanzen. Wir sitzen einander gegenüber an dem schmalen Tisch vor dem Fenster, zwischen uns ein Stilleben, dessen Bestandteile ich in Erwartung von Franz in einem Delikatessengeschäft gekauft habe: Schinken, Leberpastete, Melone, Trauben, Käse. Ich koche niemals für Franz, weil ich es für obszön halte, einen Liebhaber zu bekochen. Warum ich es nicht für obszön halte, einzukaufen und den Tisch zu decken, weiß ich nicht, aber ich empfinde deutlich einen Unterschied. Franz, der zu einer Kommission gehört, die über den Fortbestand oder die Auflösung unseres Museums zu entscheiden hat, erzählt, daß um unsere und damit auch um meine Zukunft voraussichtlich nicht zu fürchten sei, wahrscheinlich werde man uns nur einer anderen Behörde unterstellen. Heute kommt es mir vor, als hätte ich damals von den Gefahren, die dem Museum, dem Bra-

chiosaurus und mir drohten, überhaupt nichts
wahrgenommen. Nur das Gespräch mit Franz,
dieser Satz und die Erinnerung, daß er mir damals etwas besagte, sind in mir auffindbar, als
wäre mein Gedächtnis uraltes Gestein, in dem
sich nur hier und da ein Abdruck findet, so wie die
seltsamen vogelartigen Fußspuren in Pliny Moodys
Garten.

Franz lobt den Käse, und ich sage ihm nicht, daß
ich immer dieselben drei Sorten kaufe, weil sie die
einzigen sind, deren Namen ich inzwischen gelernt
habe.

Jetzt kennen wir nicht nur die gleichen Lieder,
sondern auch den gleichen Käse, sage ich, worauf
Franz erzählt, daß er in kleinen Verhältnissen aufgewachsen sei und sein Studium selbst habe finan-
zieren müssen. Eisverkäufer, Kanalisationsarbeiter,
Möbelträger, Heizer, Telegrammbote sei er in seinem Leben schon gewesen. Als andere in die Ferien
fuhren oder sich ihr erstes Auto kauften, hat er in
der Nachtschicht geschuftet. Auch später, beteuert
er, ist Luxus ihm fremd geblieben. Franz schwelgt
in der Armut seiner Jugend wie andere im Über-
fluß, bis ich gestehe, daß ich so teuren Käse niemals für mich allein kaufen würde, aber ihn, Franz,
nicht schlechter habe bewirten wollen, als er es, wie
ich glaubte, gewöhnt sei. Unversehens bin ich

Franz nun doch durch die Wohnungstür gefolgt, hinter der er mir in Gedanken so oft entschwindet und ich ihn dann in ehelicher Eintracht mit seiner Frau am Küchentisch sitzend wähne: einen Teller Bouillon vor sich, in dem zwei oder drei Maultaschen schwimmen.

Den Rest soll ich mir also eher karg vorstellen, kein Wein, kein französischer Rohmilchkäse, keine Weintrauben zur unpassenden Jahreszeit, statt dessen ein Stück Gouda von der Käsetheke bei Meyer oder Kaiser oder Bolle, dazu Äpfel, was mein Interesse auf Franz' Wohnungseinrichtung lenkt, denn irgendwohinein muß sein nicht geringes Einkommen schließlich geflossen sein, und wenn nicht in die sinnlichen Genüsse des Lebens, dann sicher in das Bleibende, wie Karin Lüderitz ihre Biedermeiermöbel und das sorgsam zusammengetragene Zwiebelmustergeschirr nannte, in das Vererbbare, seinen Wert allein durch das Vergehen der Zeit Mehrende. Und natürlich in das Haus, in dem Franz nicht zu Hause, sondern daheim ist, in das er heimgeht, sooft er mich verläßt.

Ich sehe zu, wie Franz sich die Weintrauben in den Mund steckt, in regelmäßigen Abständen eine nach der anderen. Ein unbestimmter Argwohn schwillt in mir an wie ein beginnender Kopfschmerz. Nein, ich will nicht wissen, wie Franz lebt, wenn er nicht bei mir ist. Ich will nicht wissen, ob er einen runden oder eckigen Eßtisch hat, ob billiger oder teurer Käse darauf serviert wird, ob an den Wänden alte oder moderne Bilder hängen, ob die Betten mit weißer oder bunter Wäsche bezogen sind, ob seine Frau blond oder dunkelhaarig ist, sie ist blond, ich weiß es längst. Ich will das alles nicht wissen.

Weißt du eigentlich, daß ich auf einem Bernhardiner geritten bin, frage ich, was unsinnig ist, weil ich genau weiß, daß Franz nicht wissen kann, ob ich auf einem Bernhardiner geritten bin, weil ich es ihm nicht erzählt habe, vor allem aber, weil ich mir dessen selbst nicht ganz sicher bin. Der Bernhardiner gehörte zu der Kneipe am Platz, auf dem unsere Kirche stand, deren Fenster damals noch nicht vermauert waren, was bedeutet, daß auch unsere Väter, Hansis Vater und meiner, aus dem Krieg noch nicht zurückgekehrt waren. Ich war damals nicht größer als hundertfünfzehn oder hundertzwanzig Zentimeter und durch die nachkriegsbedingte Unterernährung leicht genug, als daß ein ausgewachsener Bernhardiner mir für ein kräftiges Reittier gelten konnte.

Kein Bernhardiner, den ich später getroffen habe, war so groß wie dieser, was daran lag, daß ich keinem weiteren begegnet bin, solange ich dermaßen klein war. Bei schönem Wetter lag er ab mittags, wenn die Kneipe öffnete, hingestreckt vor der Tür, meistens auf dem Bauch, eine der dicken Pfoten unter der Schnauze, mit seinen Augen, deren hängende Unterlider ich anfangs für eine Krankheit hielt, allem folgend, was sich bewegte, ohne dabei den Kopf zu rühren. Er war ein gewaltiges Tier, und ich fürchtete mich vor ihm nicht. Das Haus, in dem sich die Kneipe befand, war als einziges Gebäude am Platz unzerstört geblieben. Inmitten der Trümmer lag der Hund wie die Fleisch und Fell gewordene Güte.

Manchmal stand er auf, streckte sich gähnend, schüttelte sich, wobei ihm der Speichel von den Lefzen flog, und ließ sich, in anderer Anordnung seiner Gliedmaßen, wieder auf das Pflaster fallen. Wenn er stand, reichte sein Kopf mir bis zum Hals, vielleicht sogar bis über das Kinn, und außer einer Babypuppe wünschte ich mir nichts so sehnlich, wie einmal auf dem Bernhardiner eine Runde um den Platz zu reiten. Oft hockte ich eine halbe Stunde oder länger neben dem Hund, streichelte seine Pfoten und betastete mit den Fingerspitzen die dicken Fellwülste auf seiner Stirn, hoffend, einer der Kneipengäste würde aus trunkener Leichtfertigkeit auf die Idee kommen, mich auf den Rücken des Tieres zu setzen und ihn mit mir um den Platz zu schicken. Eines Tages muß eben das passiert sein. Plötzlich saß ich auf dem Bernhardiner, hielt seine Ohren, die sich wunderbar weich und seidig anfühlten, wie Zügel in meinen Händen, und er lief, mit mir auf seinem Rücken, einmal oder zweimal, vielleicht sogar dreimal gemächlich um den Platz.

Erst viel später habe ich die Geschichte meiner Mutter erzählt. Ich befürchtete, sie würde mir, weil sie selbst Angst vor Hunden hatte, mein Abenteuer noch nachträglich verbieten. Als ich ihr irgendwann, ich war schon erwachsen, doch noch gestand, auf dem Bernhardiner von der Kneipe am Platz geritten zu sein, glaubte sie es nicht. Das bildete ich mir nur ein oder hätte es bestenfalls geträumt, ganz gewiß hätte man ihr damals davon berichtet, alles, was ich angestellt hätte, sei ihr irgendwann zu Ohren gekommen, sagte sie und lächelte dabei, als erinnere sie sich gerade an etwas Bestimmtes, was mich bewog, das Thema zu wechseln.

Ich weiß nun nicht genau, sage ich zu Franz, ob ich auf dem Bernhardiner wirklich geritten bin, oder ob ich es mir nur so innig gewünscht, so eindringlich vorgestellt habe, daß ich glaube, ich sei auf ihm geritten. Meine Handflächen erinnern sich genau an seine Ohren, ich fühle noch, wie sein Fell mich an den Schenkeln kitzelte und wie sein breiter Rücken unter mir schwerfällig schaukelte, während ich rittlings und mit geradem Kreuz auf ihm saß und den Platz nach Hansi Petzke absuchte, damit er mich so sehen könnte.

Ach ja, sagt Franz, ach ja, die Art sich zu erinnern, ist wohl eine Charaktersache, wie die Träume. Die einen haben Alpträume, die anderen träumen nur vom Paradies. Ich träume gar nicht, aber wie man in der Zeitung lesen kann, träume ich natürlich und verdränge es nur. Du dagegen hältst einen Traum sogar für die Wirklichkeit.

Vielleicht war es ja die Wirklichkeit, sage ich.

Vielleicht, sagt Franz und rollt die letzte Weintraube von einer Tischkante zur anderen, vielleicht auch nicht. Ich neige eher dazu, die Wirklichkeit, wenn sie mir zu schön erscheint, für einen Traum zu halten. Das Glück, sagt Franz, ist flüchtig; das steht in den Büchern, und in unserem Alter weiß man das auch aus Erfahrung. Macht es einen Unterschied, ob uns die Flüchtigkeit eines Traums enttäuscht oder die des wirklichen Lebens? Im Gegenteil: Wenn ich mir sage: das ist ein Traum, das muß ein Traum sein, weiß ich um sein Ende und kann mich dem Augenblick vorbehaltlos ergeben.

Ich sehe zu, wie die Weintraube zwischen Franz'
Fingerspitzen hin und her mäandert und versuche
herauszufinden, ob Franz uns, sich und mich, für
einen Traum hält, aus dem zu erwachen früher
oder später unvermeidlich ist, oder ob er uns als
Wirklichkeit ertragen kann, was für ihn bedeutete:
nicht zu schön, um wahr zu sein.

Ich überlege, ob ich Franz die Geschichte von den
Schuhen erzählen soll, eine eigentlich belanglose
Geschichte, wäre sie mir nicht als Gleichnis für
die Unzulänglichkeit meines Charakters in Erinnerung geblieben. Ich hatte durch Zufall ein Paar
italienische Schuhe erstanden, blauweiße Sommer-
schuhe aus weichem Leder mit kleinen Absätzen.
Ich führte sie einer Freundin vor, und diese – sei
es, weil sie es wirklich glaubte oder weil sie meine
Freude über profanes Schuhwerk geschmacklos
fand – behauptete, die Schuhe seien eindeutig Bil-
ligware, deren Sohlen binnen kurzer Zeit brechen
würden. Meine Freude war verdorben und hätte
nur durch den Beweis des Gegenteils gerettet werden können. Zu Hause nahm ich einen Schuh und
bog seine Enden so oft gegeneinander, bis die Soh-
le brach. Selbst wenn ich wochenlang nur auf
Zehenspitzen oder nur auf den Fersen gelaufen
wäre, was ich ohnehin nicht getan hätte, wären
die Schuhe keiner vergleichbaren Probe unterzogen

worden, auch durch keine sonstige Spreizung, Dre-
hung, sogar Verdrehung meiner Füße. Wahrscheinlich hätte ich die Schuhe den ganzen Sommer und
vielleicht auch noch den folgenden und den darauf
folgenden Sommer tragen können, hätte ich selbst
das ihnen prophezeite Ende nicht freiwillig und
vorzeitig herbeigeführt.

Franz versetzt der Weintraube einen abschließen-
den Stoß und fängt sie, ehe sie vom Tisch fällt, mit
der anderen Hand auf.

Ich muß verreisen, sagt er.

Mit wem?

Statt einer Antwort eine unbestimmte Kopfbewe-
gung, richtungweisend irgendwohin in den Westen
der Stadt oder beschwichtigend oder abwehrend:
Was soll die Frage, du weißt doch.

Wann, frage ich.

Übermorgen, sagt Franz und steckt die Weintraube endlich in den Mund. Ich spüre deutlich, wie
sich in mir eine Eruption vorbereitet. Jeder Herz-
schlag treibt etwas Heißes den Schlund hoch,
Zentimeter für Zentimeter. Wenn ich jetzt den
Mund öffne, quillt Lava heraus; das ist der letzte
klare Gedanke, an den ich mich erinnere. Sollte
ich wiederholen, was ich an diesem Abend zu
Franz gesagt habe, könnte ich nur einen einzigen
furchtbaren, wie aus dem Innern der Erde herauf-

grollenden, von allen Tieren der Wüste und des Waldes zugleich ausgestoßenen, feuerrot lodernden Ton beschreiben. Wahrscheinlich werde ich Sätze gesagt haben, Subjekte, Prädikate, Objekte, Hauptsätze, Nebensätze. Sie werden irgendeinen Inhalt gehabt haben, wütend, flehend, drohend, geronnen zu diesem einen Ton, von dem ich nicht wußte, daß in einem einzelnen Menschen Platz für ihn ist.

Ich hatte den ganzen Frühling hindurch auf diese Mitteilung gewartet, zunächst nur, um meine eigenen Reisevorhaben denen von Franz anzupassen, denn ich wollte auf keinen Fall auch nur einen Tag außerhalb von Berlin verbringen, an dem ich Franz hätte sehen oder auch nur sprechen können.

Jede Woche, die verging, ohne daß Franz seine mögliche Abwesenheit auch nur angedeutet hätte, muß in mir die Hoffnung genährt haben, Franz hätte das eheliche Unterfangen unter irgendwelchen Vorwänden verhindern können, zumal ich ganz sicher war, daß auch für mich, wäre ich nicht ohnehin schon allein gewesen, eine gemeinsame Reise mit meinem Ehemann unvorstellbar gewesen wäre. Hundert- oder tausend- oder dreitausendmal habe ich seitdem darüber nachgedacht, warum Franz' Eröffnung, er müsse verreisen, und zwar schon übermorgen, mich so unvorbereitet getroffen hat, und bin zu der Einsicht gekommen, daß ich zu diesem Zeitpunkt schon ganz und gar einer Logik gefolgt sein muß, die jedem anderen – auch mir selbst, seitdem ich auf nichts mehr hoffe – unzugänglich sein muß. Es ist sogar möglich, daß ich, Franz' Schweigen im Sinne meiner Wünsche mißdeutend, gehofft habe, wir, Franz und ich, würden gemeinsam verreisen, nach South Hadley, Massachusetts, vielleicht, in Pliny Moodys Garten, oder an den Rio Grande, um die Nester der Camponotus rufipes zu suchen, die, wie Franz mir erzählt hat, in hochgelegenen Gebieten in den Baumstümpfen zu finden sind, in den Überschwemmungsgebieten dagegen hoch oben in den Baumkronen. Vielleicht wären wir auch erst nach South Hadley gefahren und dann an den Rio Grande oder umgekehrt, zuerst an den Rio Grande und dann nach South Hadley, jedenfalls glaube ich, daß ich mich schon über alle Maßen auf unsere gemeinsame Reise gefreut haben werde, als Franz zu mir sagte, daß er übermorgen verreisen müsse und sich dann, wie zum Zeichen, daß dem nichts hinzuzufügen sei, die letzte Weintraube in den Mund steckte.

Nur wenn es stimmt, daß ich Franz' Schweigen als das Gegenteil dessen verstanden habe, was es war, nämlich als ein stummes Versprechen an mich, statt des ausgesprochenen Versprechens an seine Frau, ließe sich die Raserei erklären, in die ich an diesem Abend verfiel und die anhielt, bis Franz zurückkam.

Franz flog an einem Sonnabendmorgen nach Schottland; um den Hadrianswall zu besichtigen, sagte er. Ich mußte an meinen Ehemann und Emile denken und an ihre Begeisterung für die Maginot-Linie, obwohl Franz behauptete, nicht er, sondern seine bildungsbeflissene Frau hätte das Reiseziel ausgewählt, nachdem sie einen historischen Roman über den Kaiser Hadrian gelesen hätte. Ich hatte vom Hadrianswall bis dahin noch nie etwas gehört, und er hätte mich für den Rest meines Lebens so wenig interessiert wie die Maginot-Linie, wäre nicht Franz mit seiner Frau, von der ich nun bereits wußte, daß sie blond war und historische Romane las, obwohl ich das überhaupt nicht wissen wollte, wäre nicht Franz mit seiner Frau wegen dieses 120 Kilometer langen Stücks Limes nach England gepilgert.

Am Freitag rief ich die Flugauskunft an, um mich nach den für Franz möglichen Flügen zu erkundigen. Am Vormittag flog nur eine Maschine nach Edinburgh, um zehn Uhr ab Tegel. Ich weiß nicht, ob ich zu diesem Zeitpunkt schon entschlossen war, selbst zum Flughafen zu fahren, um anzusehen, wie Franz und seine Frau aus dem Taxi oder aus dem Bus stiegen, wahrscheinlich aus dem Bus, das Gepäck durch die automatischen Türen bugsierten, eincheckten und nacheinander durch die Paßkontrolle gingen. Wahrscheinlicher ist, daß ich auf irgendeine, und sei es auf die schmerzlichste Weise an dieser Reise teilhaben wollte. Ich wollte wissen, wann Franz aufstehen mußte, wann er sich rasierte, wann er frühstückte, das Taxi rief, ich mußte die kleinen Handhabungen seines morgendlichen Aufbruchs verfolgen können. Mein Wecker klingelte um sieben Uhr. Ich stand auf, duschte, trank Kaffee, dachte bei allem, was ich tat, an Franz und seine blonde Frau, und als ich kurz nach acht in mein Auto stieg, folgte ich eher einem Sog, gegen den mir jeder Widerstand fehlte, als einer gefaßten Absicht. Ich war bis dahin in meinem Leben viermal geflogen: einmal zu einem Kongreß nach Moskau, einmal in die Ferien nach Warna und zweimal nach Budapest. Flughäfen waren keine Orte, an denen ich mich heimisch fühlte, schon gar nicht, wenn alle großen Städte der Welt an den Anzeigetafeln standen und man nicht mehr als einen gültigen Personalausweis und ein Flugticket brauchte, um sich an eine der Menschentrauben vor den Abfertigungsschaltern zu hängen, eines der Flugzeuge zu besteigen wie einen

Bus oder eine Straßenbahn und sich nach Paris oder Rio oder Edinburgh befördern zu lassen. Ich weiß ja nicht, ob die Menschen es heute immer noch normal finden, fortwährend in unbestimmter Hoffnung die Lüfte zu durchqueren, um sich ein paar Stunden später an einem anderen Ort, bei anderem Wetter wiederzufinden und dort etwas zu tun, was sie zu Hause auch tun könnten, schlafen, essen, streiten, lieben, etwas besichtigen, lesen, einkaufen. Ich hielt das damals schon für eine abwegige Lebensart, obwohl sie mir, im Vergleich zu den willkürlichen Reiseverboten, wie sie während der seltsamen Zeit üblich waren, als eine wohltuende Normalität erschien.

Ich stand an einer Telefonzelle neben dem Flugsteig fünf, wo die Maschine nach Edinburgh schon angezeigt war, und ließ den Platz vor dem Schalter, den Franz und seine Frau auf ihrem Weg an den Hadrianswall in jedem Fall durchqueren mußten, keine Sekunde aus den Augen. Die große Reisemaschine Flugplatz reduzierte ich auf diesen Ausschnitt, der, wie eine Kinoleinwand, von stetig wechselnden Bildern durchlaufen wurde: junge Leute mit Rucksäcken, die gelassen ihre Tickets über den Tresen schoben; eine Inderin in einem blaugoldenen Gewand, der ein junger Mann, vielleicht ihr Sohn, einen Wagen voller Gepäck hinterherschob; ein dickes blondes Ehepaar mit drei dicken blonden Kindern, jedes mit einem Plüschtier im Arm. Dazwischen immer wieder in wechselnder Richtung ein Mädchen mit einer Rose in der Hand, die den, dem sie die Rose überreichen wollte, offenbar nicht finden konnte. Von links oder rechts hetzte sie in mein Bild und durchquerte es auf ihren dünnen, nervösen Beinen. Sie trug einen sehr kurzen Rock, darüber, offen, einen streng geschnittenen Blazer, zu dem der kindlich verzweifelte Mund und die ratlosen Augen in ihrem spitzkinnigen Gesicht einen rührenden Kontrast boten. Dann sah ich Franz, zuerst nur ihn, dann die kleine blonde Frau, die offensichtlich zu ihm gehörte. Franz zog zwei Koffer hinter sich her wie unwillige Hunde, die Frau trug eine Reisetasche, die Hand mit den Flugtickets hielt sie vor der Brust. Ich mochte Franz' Frau vom ersten Augenblick an nicht, und ich bin mir bis heute nicht sicher, ob sie mir unter anderen Umständen besser gefallen hätte, was ich nicht glaube, weil ich noch immer genau weiß, wie sie an diesem Morgen auf ihren kleinen Füßen, Schuhgröße sechsunddreißig wahrscheinlich, durch die Schalterhalle schritt, Hals und Kopf gereckt, nichts Fahriges, kein umherirrender Blick. Hätte ich nicht gewußt, daß sie Bibliothekarin war, hätte ich sie für eine Sportlehrerin gehalten, so wie Fräulein Perleberg aus

124

meiner Oberschule, klein und zäh, nur mit Flugtickets statt mit einem Tamburin in der Hand.

Aber was hatte Franz, mein blasser, melancho-
lischer Franz, der imstande war, in dem Skelett
eines Brachiosaurus das schöne Tier zu erkennen,
das es dereinst getragen hatte, mit einer Frau wie
Fräulein Perleberg zu tun. Was sich da gerade
durch die Paßkontrolle schob, war in meinen Augen
ein vierbeiniger Homunkulus, eine Mißgestalt, etwas zu Unrecht Bestehendes, nicht füreinander
geboren wie Franz und seine Jugendliebe, sondern
etwas ganz und gar Falsches, falsch, falsch, falsch,
in dieses eine Wort mündete meine ganze Empö-
rung. Ich konnte nicht glauben, daß dieses falsche
Bild Franz' eigene Wahl gewesen sein sollte. Es
war Raub, Menschenraub, eine kleine tüchtige
Person wie Fräulein Perleberg hatte sich einen
Mann geraubt, der für sie nicht vorgesehen war,
was ihr auch nie und nimmer gelungen wäre, hätte es nicht die Mauer um Berlin gegeben und die
ganze seltsame Zeit, die verhindert hat, daß Franz
und ich uns zwanzig oder fünfundzwanzig Jahre
früher treffen konnten. Nur darum stand ich jetzt
halb versteckt in einer Telefonkabine und mußte
zusehen, wie Franz von einer fremden Frau, die
sich zuvor seines Passes bemächtigt haben mußte,
denn sie hielt außer den Flugtickets auch zwei

Reisepässe in der Hand, durch die Paßkontrolle geschoben wurde, um ein Flugzeug zu besteigen, das ihn an den Hadrianswall nach Schottland bringen würde, wo er nichts verloren und nichts zu suchen hatte, statt an den Rio Grande oder nach South Hadley, Massachusetts. Ich glaube nicht, daß ich mich erkundigt habe, ob in dem Flugzeug noch ein Platz frei war, obwohl es vorstellbar ist, daß ich dem Gedanken, Franz nach Edinburgh zu folgen, nachgegeben habe und doch gefragt und es nur vergessen habe, oder daß das Flugzeug bis auf den letzten Platz besetzt war; jedenfalls bin ich nicht mit Franz und einer blonden, an Fräulein Perleberg erinnernden Person an den Hadrianswall geflogen.

*

Wie das Wetter in diesem Sommer war, weiß ich sowenig, wie ich sagen könnte, ob es unser erster oder dritter oder letzter Sommer war, ob Franz und ich überhaupt nur einen oder mehrere Sommer miteinander erlebt haben oder ob uns vielleicht nicht einmal der Wechsel aller Jahreszeiten vergönnt war. Für mich ist die Zeit mit Franz eine zeitlose, durch kein Zählwerk geordnete Zeit geblieben, in der ich mich seitdem befinde wie im luftigen Innern einer Kugel.

An diesem Sonnabend, an dem Franz mit seiner kleinen blonden Frau nach Schottland flog, hat es geregnet, oder es schien die Sonne, oder die Sonne schien nicht, und es war trocken und kühl, ich weiß es nicht. Bis zur letzten Sekunde hatte ich gehofft, Franz würde umkehren, so wie ich, hätte mich jemand aus Berlin entführen wollen, umgekehrt wäre, was aber unnötig war, weil ich nicht meine Koffer gepackt und zum Flugplatz gebracht hatte, weil ich niemandem versprochen hatte, mit ihm zu verreisen, weil ich Franz niemals, auch nicht für einen Tag, freiwillig verlassen hätte. Im Strom der Autos ließ ich mich ziellos durch die Stadt treiben, ein ödes Chaos, das keinen Ort für mich zu haben schien, ohne Franz ihres Sinns beraubt, als hätte ich nicht mein ganzes Leben in ihr zugebracht ohne Franz. Ich war zu alt, um nicht zu wissen, daß ich das landläufige Klischee von einer liebeskranken Person bis zur Lächerlichkeit erfüllte, und konnte doch nicht anders, als mich diesem Zustand ganz und gar hinzugeben. Wie ein verirrtes Insekt, das sich hoffnungsvoll und vergeblich wieder und wieder gegen das Fensterglas stürzt, suchte ich nach einem Weg, meiner Wehrlosigkeit zu entkommen. Franz entflogen in die Unerreichbarkeit mit einer Frau, zu der er mehr gehörte als zu mir; sterben, dachte ich, ster-

ben. Die Einsicht, daß gegen die mir bevorstehen-
de Qual nur der Tod etwas ausrichten konnte, ließ
mich hemmungslos in Tränen ausbrechen, so daß
ich in die nächste Seitenstraße einbiegen und
einen Parkplatz suchen mußte, den ich nach einigen Minuten wieder verließ, weil schwarzgelockte
Kinder, die in der Nähe gespielt hatten, sich an
meinem Auto versammelten und neugierig durch
die Frontscheibe starrten, hinter der sie mit offen-
sichtlichem Befremden eine nicht mehr junge,
heulende Frau sitzen sahen. Ich wußte nicht, wo
ich mich befand, noch weniger, wohin ich wollte,
und als ich vor mir ein Auto sah, das, mit Ausnah-
me des Nummernschildes, dem von Franz absolut
glich, fuhr ich ihm nach. Natürlich wußte ich, daß
es nicht Franz' Auto war und daß Franz jetzt im
Flugzeug neben seiner Frau saß und ihr wahrscheinlich gerade eine Nachricht aus der Zeitung
vorlas oder ihre Hand hielt, weil sie sich, wie ich,
vorm Fliegen fürchtete. Trotzdem empfand ich
das fremde Auto als einen tröstlichen Schatten
von Franz, und der Mensch, der es fuhr, hatte die
gleiche Marke und die gleiche Farbe gewählt wie
Franz, obwohl ich nicht einmal wußte, ob wirklich
Franz und nicht seine Frau die Wahl getroffen hatte. So waren Franz und ich oft hintereinander her-
gefahren, im Westteil der Stadt Franz vor mir, im

Ostteil ich vor Franz. Das Auto vor mir fuhr schnell; einmal mußte ich, um es nicht zu verlieren, bei Rot über eine Ampel fahren. Als wir in die Straße des 17. Juni kamen, überlegte ich einen Augenblick, ob ich, da ich meinen Heimweg nun gekannt hätte, nach Hause fahren sollte, überließ mich aber lieber der Geborgenheit meiner Aufgabe, dem Auto, das aussah wie das Auto von Franz, zu folgen. In einer Seitenstraße der Kantstraße verschwand es unerwartet in einer Tiefgarage, so daß ich nicht einmal mehr erkennen konnte, ob ein Mann oder eine Frau den Wagen chauffierte. Später fiel mir ein, daß der Fahrer sich von mir vielleicht verfolgt gefühlt und mich auf diese Art abgehängt hat. Vielleicht war ich einem Kurier der Drogenmafia oder russischen Mädchenhändlern nachgefahren, die sich mit einem unauffälligen Mittelklassewagen, wie sie von seriösen und nicht zur Leichtfertigkeit neigenden Menschen wie Franz bevorzugt wurden, getarnt hatten, und hätte mich, wäre ich ihm in die Tiefgarage gefolgt, in große Gefahr begeben.

Ich fuhr, ohne nachzudenken, einfach weiter, dorthin, wo ich mich auskannte. Unterwegs hielt ich an einer Buchhandlung und kaufte zwei Bücher über England. Ein historischer Roman über den Kaiser Hadrian, nach dem ich mich auch erkundigte, war der Verkäuferin nicht bekannt.

Es gab nur noch einen Platz in der Stadt, von dem ich hoffen konnte, daß er für mich bewahrt hatte, was ich anders als mit »Sinn« nicht zu benennen weiß, denn alles, was ich sah, die Straßen, Imbißbuden, die ineinanderfließenden Menschenströme, erschien mir so sinnentleert, daß ich nach einem auch nur vagen Gefühl der Zugehörigkeit vergeblich in mir suchte, als könnte ich ohne die Vermittlung von Franz zu nichts und niemandem mehr gehören. Einzig von meinem Platz unter dem Brachiosaurus hoffte ich, daß er für mich die Versicherung auf das Immerwährende, der Absurdität menschlichen, auch meines eigenen Tuns nicht Unterworfene, geblieben sein würde.

Das Museum war fast leer. Ich schickte die alte Dame, die den Saal bewachte, zum Kaffeetrinken und setzte mich, so vor den wenigen Besuchern für meine stoische, anderenfalls vielleicht lächerlich erscheinende Versunkenheit legitimiert, auf ihren Stuhl. Ich wartete. Er, töricht oder triumphierend, grinste wie immer.

Ich wartete lange, aber der gewohnte Trost blieb aus. Ein schönes Tier, hatte Franz gesagt. Während der seltsamen Zeit hatte er als Symbol eines anderen, von mir als höher anerkannten Sinns getaugt, weil die Gewißheit, daß, da er untergegangen war, alles einmal untergehen würde, so banal wie rettend war. Aber wie hätte er gegen etwas helfen können, das gleichen Ursprungs war wie er selbst. Daß das Unbezähmbare meiner Gefühle für Franz in ihrer Saurierhaftigkeit bestand, erkannte ich aber erst später, oder anders: Ich begriff, daß es das Saurierhafte an mir war, das so liebte, etwas Uraltes, atavistisch Gewaltsames, jede zivilisatorische Norm mißachtend, und nichts, was Sprache brauchte, konnte recht haben gegen meine Liebe zu Franz.

An diesem Sonnabend, an dem ich vergeblich darauf wartete, daß sich die ordnende Ruhe, die ich im Ritual meiner Begegnung mit dem Brachiosaurus jahrzehntelang gefunden hatte, endlich einstellte, fragte ich mich nur, warum ich jetzt, da niemand mich mehr hinderte, nach South Hadley, Massachusetts, oder sonstwohin zu fliegen, wieder oder vielleicht immer noch auf diesem Platz unter dem Glasdach unseres Museums saß, als wäre die gewonnene Freiheit nur gut gewesen, um sie einzutauschen gegen eine andere, diesmal freiwillig gewählte Gefangenschaft. Inzwischen denke ich darüber anders. Ich hatte meine Wahl getroffen und mich zwischen allen Möglichkeiten für die, Franz zu lieben, entschieden. Ich wußte, daß ich eines Tages aufbrechen würde, um mir die seltsamen vogelartigen Fußspuren in Pliny Moodys

Garten anzusehen. Aber so, wie ich nie aufgehört hatte, mich in Pliny Moodys Garten zu wünschen, obwohl weder ich noch irgendein anderer Mensch meines Alters daran zu glauben wagte, daß er das Ende der seltsamen Zeit erleben würde, beharrte ich nun darauf, diese Reise mit Franz und nur mit Franz zu unternehmen. Es gibt mir natürlich zu denken, daß mein größter Wunsch im Augenblick seiner Erfüllbarkeit zu klein geworden war, um noch mein größter Wunsch zu sein. Aber wer würde einem Gefangenen, der sich, umgeben von Gefängnismauern, nichts als die Freiheit wünscht, vorwerfen, wenn er, erst einmal im Besitz der Freiheit, in ihr nicht mehr sieht als die Voraussetzung seines Glücks.

Während ich auf dem kleinen Stuhl der Aufsichtsperson vor dem Brachiosaurus saß, der Lächerlichkeit meiner Lage bewußt und doch unfähig zur Vernunft, dämmerte langsam ein vergessener Vers in mir auf, zuerst nur: »dich zu gewinnen oder umzukommen, dich zu gewinnen oder umzukommen ...«, ich sagte mir die fünf Worte wieder und wieder, simulierte mit dem Atem die fehlende Zeile, bis das Gedächtnis sie freigab: »Doch von zwei Dingen schnell beschloß ich eines / dich zu gewinnen oder umzukommen.« So hieß Penthesileas Satz. Als ich ihn mir gemerkt habe, muß ich zwanzig oder zweiundzwanzig gewesen sein. Ich habe ihn nie zu einem Mann gesagt. Später habe ich ihn vergessen.

Da bin ich wieder, flüsterte die alte Dame, die den Sauriersaal zu bewachen hatte. Ich wünschte ihr ein schönes Wochenende und überließ ihr wieder den Stuhl.

... oder umzukommen, dachte ich, aber nicht verzichten, ich werde nicht mehr verzichten.

Penthesileas Satz hatte ich von Beate gehört, die Schauspielerin werden wollte und für die Aufnahmeprüfung an der Schauspielschule Kleists *Penthesilea* einstudierte. Beate nannte sich selbst Bea, wurde aber von allen anderen, ohne daß sie dagegen je Einspruch erhoben hätte, Ate genannt. Ich weiß nicht mehr, woher ich Ate kannte, glaube aber, sie war die Schwester von jemandem, den ich inzwischen vergessen habe. Ich kann mich nicht erinnern, Ate auch nur einmal anders gesehen zu haben als in schmalen schwarzen Cordhosen und einem langen schwarzen Männerpullover. Ihr schwarzes Haar trug sie seitlich gescheitelt und auf Streichholzlänge geschnitten. Sie war drei Jahre älter als ich und wohnte allein in einer Ladenwohnung im Prenzlauer Berg, während ich noch immer im Kinderzimmer neben dem Schlafzimmer meiner Eltern hauste. Kurz nachdem ich Ate

kennengelernt hatte, zog ich in eine schwamm-
befallene Einzimmerwohnung mit Außentoilette
direkt in ihrer Nachbarschaft. Ein oder zwei Jahre
lang sahen wir uns fast täglich. Ich studierte, Ate
kellnerte; wenn wir uns trafen, spielte sie mir ihre
Rollen vor, mit denen sie die jeweils nächste Aufnahmeprüfung bestehen wollte. *Penthesilea* gehörte
in jedem Jahr zu ihrem Repertoire. Wir tranken
bulgarischen Rotwein für fünf Mark die Flasche,
Gamza oder Mavrud, wonach wir auch unsere
künftigen Kinder benennen wollten, das Mädchen
Gamza, den Jungen Mavrud.

Ate liebte einen, den sie Ali nannte, weil er wegen
unterlassener Alimentezahlungen für ein Kind,
das er mit siebzehn gezeugt hatte, vorbestraft war.
Ali war ein arbeitsloser Schauspieler aus dem
Westteil Berlins, und in der Nacht, als die Mauer
durch die Stadt gebaut wurde, schlief er in Ates
Bett. Da im Stadtbezirksgericht Charlottenburg
gerade wieder ein Verfahren wegen nicht gezahlter
Alimente gegen ihn anhängig war, beschloß er,
lieber bei Ate hinter der Mauer zu bleiben, als
wieder einmal hinter den Gefängnismauern von
Moabit.

Ali, über Nacht vom Stigma der Kriminalität befreit, entwickelte Ehrgeiz und fand, mit Ates Hilfe,
eine Anstellung als Dramaturgiegehilfe am Ber-

liner Metropoltheater. Als ich Ate kennenlernte, war Ali, nach drei Jahren paradiesischen Glücks, wie Ate behauptete, gerade ausgezogen; wegen eines Ballettmädchens vom Metropoltheater, das Ate nur Lilli nannte, obwohl es Elise hieß.

Von Ali war nichts zurückgeblieben als Parsifal, ein dackelähnlicher gelber Hund mit einem drahtigen geringelten Schwanz und einem viel zu großen, schönen, eher zu einem Schäferhund passenden Kopf. Es war unmöglich, mit Parsifal eine Straßenbahn zu besteigen, ohne ratloses Gelächter hervorzurufen, was Parsifal als Zustimmung empfand und mit spastischen Zuckungen seines spiralförmigen Schwänzchens beantwortete. Der Hund war Ali eines Nachts während seines Heimwegs vom Theater zugelaufen. Beate versorgte ihn und, was später ihr einziges justitiables Argument werden sollte, sie bezahlte von Anfang an die Hundesteuer. Einige Wochen nach seinem Auszug kam Ali zu Ate, um Parsifal zu besuchen, erbot sich, ihn um den Häuserblock zu führen, meldete sich eine Stunde später von einer Telefonzelle und teilte mit, der Hund werde ab sofort bei ihm leben, zumal er, der Hund, demnächst eine Rolle im *Weißen Rößl* am Metropoltheater spielen werde. Ich hatte Ate um Ali niemals weinen sehen, was nicht bedeutet, daß sie um ihn nicht geweint hat, aber ich habe es nie gesehen. Um Parsifal weinte sie nun, sobald sie selbst oder ein anderer von ihm sprach, und mir kommt es heute so vor, als hätten wir, seit Parsifal entführt worden war, nur noch von ihm gesprochen. Bald darauf hatte das *Weiße Rößl* Premiere. Ali hatte nicht gelogen, Parsifal spielte wirklich mit und bekam bei jeder Vorstellung Applaus, so wurde es jedenfalls Ate von ihren Informanten am Metropoltheater berichtet. Von ihnen erfuhr sie auch, daß Ali den Hund nach der Vorstellung oft stundenlang allein beim Pförtner ließ, um mit Lilli und den anderen Ballettmädchen noch in der Kantine zu sitzen und zu trinken.

Eines Abends, als das *Weiße Rößl* gespielt wurde, Ate wußte immer genau, wann das *Weiße Rößl* auf dem Spielplan stand, saßen drei oder vier Freunde von Ate, unter ihnen ich, um Ates Küchentisch, tranken Gamza oder Mavrud, und jemand kam auf die Idee, man könnte Parsifal, für den Fall, er säße nach der Vorstellung wieder mutterseelenallein beim Pförtner, ebenso zurückentführen, wie Ali ihn entführt hatte.

Warum die Wahl auf mich fiel, ob wir gelost haben oder ob es an meiner, im Vergleich zu Ates übrigen Freunden biederen Erscheinung lag, weiß ich nicht. Ein Rainer, den ich kaum kannte, wurde zu meinem Begleiter bestimmt, weil er an diesem

Abend über das Auto seiner Mutter verfügte. Wir fühlten uns wie Partisanen, die aufbrachen, um ein Munitionsdepot der Nazis in die Luft zu jagen, und waren darum fast enttäuscht, als der Pförtner, nachdem wir ihm erklärt hatten, wir seien von Ali beauftragt, den Hund zu holen, Parsifal arglos vom Stuhlbein losband und einem von uns die Leine in die Hand drückte. Als wollten wir auf der Gefährlichkeit unserer Aktion bestehen, rannten wir wie gehetzt über das unbebaute Grundstück hinter dem Theater zu unserem Auto, der Hund mit fliegenden Ohren zwischen uns. Als Parsifal endlich in Ates Armen lag, schrie er vor Freude, Ate weinte und ließ sich von Parsifal die Tränen vom Gesicht lecken. Wir standen dabei voller Rührung und Genugtuung, weil die Gerechtigkeit und die Liebe gesiegt hatten und weil wir ihr dazu verholfen hatten. Diese Minuten gehören auch jetzt, nach siebzig oder achtzig Jahren, zu den glücklichsten meines Lebens.

Zwei Stunden später meldete sich Ali und kündigte, falls Ate den Hund nicht sofort, spätestens aber am nächsten Tag, herausgeben würde, Maßnahmen an, worauf wir beschlossen, daß der Hund unverzüglich Berlin verlassen und an einem für Ali unzugänglichen Ort untergebracht werden müsse. Ates Freundin Sieglinde bot an, Parsifal zu ihren Eltern in ein Dorf bei Pasewalk zu bringen, und Ate überlegte, ob man ihm vorher, um ganz sicherzugehen, das Fell färben solle. Sieglinde fuhr am nächsten Tag mit Parsifal zu ihren Eltern; auf das Färben verzichtete Ate, um dem Vorwurf der Tierquälerei zu entgehen und aus Liebe zu Parsifals natürlicher Erscheinung.

Aber der kleine unansehnliche gelbe Hund, der für niemanden außer für Ate und Ali nur den geringsten Wert haben konnte, und auch für diese beiden verkörperte er nur, was sie einmal miteinander verbunden hatte und was jetzt jeder von ihnen für sich behalten wollte, dieser Hund mit dem zu großen Kopf und dem Ringelschwanz war mittlerweile zum Publikumsliebling des einzigen Operettentheaters im Ostteil Berlins geworden und damit zu einem Streitobjekt mit einem berechenbaren Geldwert, worauf das Metropoltheater in Person seines Justitiars Dr. Hans-Kurt Weiher Ansprüche erhob. Ate wurde ein Schriftstück zugestellt, in dem sie als »die Beklagte« bezeichnet und zu einem Mittwoch um elf Uhr in das Stadtbezirksgericht Berlin-Mitte in der Littenstraße vorgeladen wurde. Ate verzichtete auf den Beistand eines Rechtsanwaltes, weil sie es für unmöglich hielt, daß irgendwer, schon gar nicht ein Gericht, die moralische Rechtmäßigkeit ihres Tuns anzweifeln könnte, zumal sie, Ate, für den Hund gesorgt, vor allem aber, weil sie von Anfang an die Hundesteuer bezahlt hatte. Das schrieb sie in einem ausführlichen Brief an das sehr geehrte Gericht und bat darum, Sieglinde und mich in dieser Angelegenheit als Zeugen zu hören. Einmal habe ich Ate doch anders gesehen als in schwarzen Cordhosen und einem schwarzen Pullover. Für ihren Auftritt vor dem Gericht kaufte sie von einer Bekannten ein sehr elegantes, wenig getragenes Pepita-Kostüm und verpflichtete auch Sieglinde und mich, in Kostümen zu erscheinen. Ehe wir aufbrachen, stellten wir uns vor Ates großen Spiegel im Korridor und befanden, daß, wenn der Richter Augen im Kopf hatte, er unsere Glaubwürdigkeit und Ehrbarkeit nicht einen Augenblick anzweifeln konnte. Sieglinde und ich mußten während der Verhandlung auf einer harten Bank im Gang sitzen. Wir erwarteten unsere Zeugenauftritte gefaßt und schweigsam. Ab und zu sahen wir uns an, und eine von uns sagte o Gott, die arme Ate oder na, sie wird das schon machen. Dann wurde Sieglinde aufgerufen, saß aber zwei Minuten später schon wieder neben mir, weil das Gericht mehr als die Adresse ihrer Eltern von ihr nicht hatte wissen wollen. Aber wenigstens hatte Sieglinde den Gerichtssaal betreten und ihre, wenn auch geringe

Rolle als Zeugin erfüllen dürfen, während ich weder aufgerufen noch etwas gefragt wurde, obwohl ich Parsifal entführt hatte.

Ate wurde dazu verurteilt, den Hund binnen dreier Tage herauszugeben. Warum sie nur dreizehn Mark und sechsundachtzig Pfennige Prozeßgebühr bezahlen mußte, weiß ich nicht mehr, nur daß es dreizehn Mark und sechsundachtzig waren. Vielleicht hat die Richterin, die, wie Ate erzählte, verstanden hatte, daß zwischen Ate und Ali etwas anderes verhandelt wurde als die Entführung eines ringelschwänzigen Hundes, den Rest mit der von Ate gezahlten Hundesteuer verrechnet; oder Ali hat sein schlechtes Gewissen besänftigen wollen und darum freiwillig die Kosten übernommen.

Wir tranken eine Flasche süßen Sekt auf unsere Niederlage. Ate hockte auf der Rückenlehne ihres Ohrensessels und erging sich in Haßtiraden gegen Dr. Hans-Kurt Weiher, der für sie der einzig Schuldige am Ausgang der Geschichte war, in der er nichts zu suchen hatte, weil sie eine Liebesgeschichte war, die nur Ate und Ali etwas anging und darum auch niemals vor einem Gericht verhandelt worden wäre, hätte nicht Dr. Hans-Kurt Weiher um eines lächerlichen Spielplans und des schnöden Geldes willen eine Diebesgeschichte daraus gemacht. Obwohl meine Enttäuschung mit

Ates Unglück natürlich nicht zu vergleichen war, fühlte auch ich mich durch Dr. Hans-Kurt Weiher, der meine Tat, auf die ich wirklich stolz war, ein paar lausigen Paragraphen unterworfen und damit zunichte gemacht hatte, betrogen. Der Sieg der Gerechtigkeit war ebenso verloren wie Parsifal.

Ein paar Tage später zeigte Ate Sieglinde und mir eine kleine Puppe, die sie aus Wachs geknetet hatte. Das sei Dr. Hans-Kurt Weiher, sagte sie, und wir würden ihn jetzt töten. Eigentlich brauche man für die Zeremonie, die Ate den malaysischen Todeszauber nannte, auch Haare und abgeschnittene Fingernägel des Delinqenten, die wir nun aber leider nicht hätten und darum durch gemeinsame Konzentration und Willensstärke ausgleichen müßten. Ate stach der Puppe eine Stecknadel in die Brust. Wir töteten Dr. Hans-Kurt Weiher. Die Wahrheit ist, daß er wenige Monate später starb, plötzlich und unerwartet, wie die Todesanzeige in der Zeitung behauptete. Später erfuhren wir, daß ein rätselhaftes, jeder Behandlung widerstehendes Fieber ihn befallen und binnen weniger Tage aufgezehrt hätte.

An dem Sonnabend, an dem Franz mit einer Frau wie Fräulein Perleberg nach Schottland geflogen war, fuhr ich zu Ate. Nachdem sie mir eingefallen war, begann sich eine heftige Sehnsucht in mir zu regen, von der ich nicht behaupten will, daß es die Sehnsucht nach Ate war. Es war eher die Sehnsucht nach der vergangenen Zeit, nach der Zeit vor dem schleichenden Verzicht, der Zeit des Anfangs, als alle Ideale noch erreichbar schienen, als die Aussicht auf eine mittelmäßige Karriere und eine mittelmäßige Ehe noch Abscheu und Verachtung auslösten, als wir noch genau wußten, was wir unbedingt wollten, und was wir niemals tun würden. Damals hat Ate mich gekannt. Sie mußte sich noch erinnern an die Person, die ich einmal gewesen bin und der ich mich, seit ich Franz kannte, näher fühlte als der Frau, die ich mittlerweile geworden war. Es war lange her, daß ich den Aufruhr des Allesodernichts, des Dasodersterbens verspürt hatte. »... dich zu gewinnen oder umzukommen«, so ein Satz gehört zu einem Anfang oder zum Ende.

*

Ate war wirklich Schauspielerin geworden. Ich hatte sie seit sieben oder zehn Jahren nicht mehr gesehen. Manchmal las ich ihren Namen unter den Synchronsprechern in einem Filmabspann. Wenn es neue Telefonbücher gab, suchte ich nach ihr, nicht, weil ich sie besuchen wollte, sondern nur, um mich zu vergewissern, daß es sie wirklich einmal gegeben haben muß, da es sie immer noch gab.

Sie wohnte noch in der gleichen Straße, in einem anderen Haus, nicht mehr zu ebener Erde, sondern in der vierten Etage. Sie sah aus wie damals, nur älter, so alt wie ich. Ihre Haare waren gefärbt, wie meine. Nanu, sagte Ate, komm rein. Der alte Ohrensessel stand in der Ecke am Fenster. Ate holte Gläser aus der Küche. Rot oder weiß, fragte sie. Ich dachte an Gamza und Mavrud und entschied mich für rot. Später sagte Ate, ich hätte auf sie einen so verstörten Eindruck gemacht, daß sie befürchtet hätte, ich sei schizophren geworden wie eine Freundin von ihr, die eines Tages plötzlich Stimmen gehört hatte und darum in eine geschlossene Anstalt eingewiesen werden mußte, aus der sie erst nach Monaten und mit Läusen auf dem Kopf wieder entlassen wurde.

Wir sprachen über Parsifal und Ali, und Ate fragte, ob wir damals eigentlich normal oder verrückt gewesen seien, und ich sagte, daß ich lange gedacht hätte, wir seien verrückt gewesen, daß ich seit einiger Zeit aber glaubte, daß wir absolut normal waren und mit allem, was wir wollten und taten, recht hatten.

Parsifal ist schon lange tot, und Ali ist auf dem Weg nach Hollywood irgendwo hängengeblieben,

143

jedenfalls ist er in Hollywood nie angekommen, sonst hätte er geschrieben, sagte Ate.

Je länger ich sie ansah, um so weniger unterschied sie sich von der Ate, wie ich sie, *Penthesilea* deklamierend, in Erinnerung hatte.

Eigentlich ist es wie früher, sagte ich, nur daß wir plötzlich so alt sind.

Damals wollten wir alle mit dreißig sterben, sagte Ate.

Ich hätte mir damals eher vorstellen können, siebzig zu sein als diese muffigen Fünfzig, diese unjungen, unalten, geschlechtslosen Wesen mit dem anklagenden Blick unter der Dauerwelle.

Und jetzt, fragte Ate.

Ja, und jetzt, sagte ich.

Wir tranken Wein und sprachen über das Alter, als wüßten wir etwas darüber. Jetzt, vierzig oder fünfzig Jahre später, weiß ich, was Alter ist, und ich kann nichts, gar nichts Gutes daran finden. Alles, was Gutes über das Alter gesagt wird, ist dumm oder gelogen; über die Weisheit des Alters zum Beispiel, als könnte man nicht weise werden, ohne bei lebendigem Leibe zu verfaulen. Das langsame Ertauben, Erblinden, Erstarren, Verblöden. Ich nehme an, daß auch ich verblödet bin, obwohl ich weder anderen noch mir Beweise dafür geliefert habe, weil ich mit niemandem mehr umgehe. Wenn ich über das Alter überhaupt etwas Gutes sagen kann, dann nur, daß es in zweierlei Hinsicht taugt als Vorbereitung auf den Tod: Wir haben Zeit, unsere Erinnerungen so lange zu feilen und zu schleifen, bis die Versatzstücke am Ende zu einer halbwegs plausiblen Biografie verschraubt werden können; und wir werden uns mit dem fortschreitenden Verfall selbst so lästig, daß wir eines Tages den Tod herbeisehnen können, damit er uns vom Liebsten, was wir im Leben hatten, von uns selbst, erlöst; was aber nur für den Fall gilt, daß wir schneller verfaulen als verblöden.

Ate schob den Ärmel ihres Pullovers bis zum Schultergelenk und zerrte an den Hautlappen an der Unterseite ihres Oberarms. Sieh dir das an, schrie sie mit Ekel in der Stimme, sieh dir das an.

Ich habe meinen Körper nie gemocht, sagte ich. Du?

Ate stand auf, zog ihren Pullover über die Hüften, sah resigniert an sich herab; ich verdanke ihm die schönsten Stunden meines Lebens, sagte sie mit fester Stimme und goß uns Wein nach.

Ich meinem auch, sagte ich, aber erst jetzt.

Endlich durfte ich über Franz sprechen. Ich erzählte Ate, wie ich ihn unter dem Brachiosaurus getroffen hatte, wie er mit seinen Fingerrücken meine Wange berührt hatte, ich erzählte von

Franz' Stimme, von seinen hechtgrauen Augen, von unseren nächtlichen Gesängen, von Franz' blonder Frau und vom Hadrianswall. Ich sagte auch, daß ich nur gekommen sei, um zu ihr, Ate, davon zu sprechen, weil ich keine andere Menschenseele kannte, der ich erklären könnte, daß mir, die ich Großmutter sein könnte und mir die Haare färbte, etwas zugestoßen sei, wozu ich – und nur von Ate hoffte ich, daß sie über so viel Pathos nicht lachen würde – wozu ich nur eine Liebe auf Leben und Tod sagen könnte. Ich sei zu ihr gekommen wegen Ali und Parsifal und Dr. Hans-Kurt Weiher und der ganzen verrückten oder eben nicht verrückten Zeit damals, vor allem aber, weil mir der Satz eingefallen war: »... dich zu gewinnen oder umzukommen.«

Ate richtete sich auf, streckte ihr Kinn und den linken Arm in die Luft und rief:

> Otrere war die große Mutter mir
> Und mich begrüßt das Volk: Penthesilea.

Dann ließ sie sich wieder in den Sessel fallen. Und das »auf Leben und Tod« meinst du ernst, fragte sie.

Todernst.

Du hast doch bis jetzt ohne ihn gelebt.

Schlimm genug.

146

Ich meine, da wolltest du doch auch nicht sterben.
Warum eigentlich nicht?
Was?
Ich frage mich, warum ich nicht sterben wollte.
Das kann doch kein Leben gewesen sein.
Jaja, sagte Ate, ich weiß schon: »Ich leide viel,
denn ich habe verloren, was meines Lebens einzi-
ge Wonne war, die heilige, belebende Kraft, mit
der ich Welten um mich schuf; sie ist dahin.« Wer-
ther, Goethe.
Na, siehst du, sagte ich, das stimmt, er hat recht.
Ich kann mich nicht einmal mehr für den Brachiosaurus interessieren. Ich bin auch nicht nach South
Hadley, Massachusetts, gefahren. Es stimmt, meines Lebens einzige Wonne, sie ist dahin.
Ate sagte, es beruhige sie zu hören, daß ich mich
doch an frühere Wonnen meines Lebens erinnerte,
wenn sie mir jetzt auch verloren schienen.
Sie fischte eine kleine Fliege aus dem Wein und
schnipste sie auf den Teppich. Ich hatte das Gefühl, zurückgekehrt zu sein in eine längst vergangene Stunde meines Lebens, in die ich fraglos und
noch ohne eigene Schuld geraten war, um jetzt,
Jahrzehnte später, am gleichen Kreuzweg noch
einmal zu entscheiden und die andere Richtung
zu wählen.
Und Franz, liebt er dich auch, fragte Ate.

Am Freitag hätte ich noch ja gesagt, ja, Franz liebt mich auch. Aber inzwischen war es Sonnabend, und ich hatte Bilder im Kopf: Franz im schmalen Durchgang der Paßkontrolle, dahinter seine Frau, die an Franz' linkem Arm vorbei die beiden Pässe nachschiebt; Franz, der seiner Frau zulächelt, weil er sie versehentlich mit dem Ellenbogen bedrängt hat, ja, das vor allem, das Lächeln. Während ich glaubte, mein rasendes Herz galoppiere mit mir geradewegs in den Tod, gelang ihm dieses beiläufige, zärtliche Lächeln. Nicht der geringste Gedanke an mich zerrte an seinen Mundwinkeln oder zuckte um seine Augen. Er hatte mich vergessen. Dieses Lächeln klafft wie eine nicht heilende Wunde in meiner Erinnerung. Seitdem hatte Franz' Frau für mich ein Geschlecht.

Es muß eine andere Art Liebe sein, sagte ich zu Ate, eine, mit der es sich leben läßt.

Die gibt es nicht, es gibt nur die eine Sorte, an der du krepierst, sagte Ate. Nach Ali war ich so gut wie tot. Damals habe ich mir einen Zettel über das Bett gehängt, auf dem stand: »und wenn einer tritt, dann bin ich es / und wird einer getreten, dann bist du's.« Daran habe ich mich gehalten, jedenfalls im Leben. Auf der Bühne habe ich jedes Glück erlebt und jede Katastrophe. Alle Liebestode bin ich gestorben, von montags bis freitags,

und an manchen Wochenenden sogar täglich zweimal. Es gibt nicht viel, was ich über die Liebe nicht
weiß. Sie endet tragisch oder banal, und, wie es
scheint, hast du dich fürs Tragische entschieden.
Und du?
Dagegen, sagte Ate, weder tragisch noch banal,
einfach nur dagegen.
Die Sonne quoll warm durch das offene Fenster,
über den Teppich, die Möbel und uns, und ich
dachte, daß Ate und ich in dem gelben Licht ein-
geschlossen waren wie zwei Insekten im Bernstein,
Rücken an Rücken, die Beinchen in die entgegen-
gesetzte Richtung gestreckt und vom gleichen Tod
überrascht.
Obwohl eine dumpfe Traurigkeit mir wie ein Schlaf-
mittel, dessen Wirkung nicht zugelassen wurde, die
Sinne lähmte, fühlte ich mich wohl. Es war nichts
falsch daran, wie ich so neben Ate saß, willig hingegeben einem Schmerz, der ganz und gar mir gehörte, der mir bestimmt war oder ich ihm. Ich
dachte den Namen Franz vor mich hin wie andere
den Namen Gottes; für Glück, Unglück, Erlösung
hatte ich nur noch dieses eine Wort: Franz. So ist
es bis heute geblieben.

*

Ich allein zwischen den fleischfressenden Pflanzen, da, wo sonst Franz liegt, habe ich den Stadtplan von Edinburgh ausgebreitet. In einem der beiden Bücher, die ich am Vormittag gekauft habe, lese ich, daß Edinburgh 452 000 Einwohner hat, also weniger als Frankfurt und mehr als Potsdam. Es ist zehn Uhr, und in Edinburgh ist es neun. Bis jetzt werden sie spazierengegangen sein, die Royal Mile rauf oder runter, von der Burg zum Hollyroodhouse oder vom Hollyroodhouse zur Burg. Morgen, am Sonntag, werden sie in ein Museum gehen, gleich nach dem Frühstück. Aber jetzt suchen sie ein Restaurant in der Old Town, einen Chinesen wahrscheinlich, weil er billig ist, vielleicht begnügen sie sich auch mit fish and chips am Kiosk und nutzen dann, mit der Tüte in der Hand, die gewonnene Zeit, um die Tolbooth Church oder die St. Giles Cathedral zu besichtigen. So wird es sein, fish and chips am Kiosk. Die fettigen Hände reinigen sie sich mit den Erfrischungstüchern aus dem Flugzeug, die Franz' Frau umsichtig eingesteckt hat. Und dann legt Franz seinen Arm um die schmalen Schultern seiner Frau, sie hat schmale Schultern, das habe ich gesehen, und sie lehnt sich im Gehen an ihn, und Franz küßt sie, beiläufig und zärtlich wie sein Lächeln an der Paßkontrolle, auf die Stirn. Eine

Frau in einem schwarzblauen Kleid mit sehr kleinen weißen Punkten kommt ihnen entgegen. Die Frau ähnelt mir, aber Franz sieht sie nicht. Noch einmal: Eine Frau in einem schwarzblauen Kleid mit sehr kleinen weißen Punkten kommt ihnen entgegen. Die Frau ähnelt mir. Für die Dauer eines Schritts bleibt Franz stehen und sieht ihr hinterher, während Franz' Frau, mit seiner Hand auf der Schulter, langsam weitergeht und ihn so nachzieht.

Ich suche den Nordwesten in meiner Wohnung. Wie ein Muslim zum Gebet gen Mekka knie ich, die Stirn gegen Schottland gerichtet, im Bett, lege meine Hand auf die Stadt Edinburgh und schließe die Augen. Franz, sage ich, Franz, und sende aus, was ich in mir für sendbar halte, über Berlin, durch Brandenburg und Mecklenburg, über die Nordsee nach Edinburgh in Schottland. Dort, in dem Pub, wo Franz mit seiner Frau jetzt sitzt, er ein Guinness vor sich und sie einen Orangensaft, soll es ihn treffen. Ich bin bereit, alles zu glauben, was ich über Bioströme und parapsychologische Phänomene je gelesen habe; mir selbst hat man schließlich einmal für eine Viertelstunde den Strom im Gehirn abgeschaltet. Wenn ein elektrisches Signal seinen Weg zum Adressaten durch die Himmel über den Kontinenten findet, warum dann der Strom meiner Liebe nicht Franz. Franz macht seine Frau gerade auf die niemals überstrichene Holztäfelung des Pubs aufmerksam und auf die mit gelblichem Pergament bespannten Wandleuchten, was ihn zu einer nachdenklichen Bemerkung über Deutschland, die Nachkriegszeit und Traditionsbrüche veranlaßt, als ein unsichtbarer Strahl ihn mitten in die Brust trifft und ihn zum Schweigen zwingt, weil er für einige Sekunden nichts anderes denken und sagen kann als meinen Namen, weil er mich jetzt leibhaftig hört und sieht, wie das Mädchen aus Ohio, von der ich gelesen habe, ihren Liebsten gehört hat, als er mit zerschmetterten Beinen in einer Felsspalte lag und nach ihr rief. Nur weil sie ihn hörte, konnte er gerettet werden.

Danach hätte ich die beiden verlassen müssen. Ich hätte im Fernsehapparat nach Bekannten suchen sollen, nach Kojak, Derrick oder Columbo. Ich hätte Ate anrufen können und ihr sagen, daß ich glaubte, nun doch verrückt geworden zu sein, weil ich mit der Stirn gen Schottland Beschwörungsformeln herbetete und für möglich hielt, daß Franz sie hörte. Ich frage mich heute noch, ob die Geschichte zwischen Franz und mir anders ausgegangen wäre, ob Franz mich in jener Nacht im Herbst vielleicht nicht für immer verlassen hätte,

wäre ich ihnen an diesem Abend und an allen anderen Abenden ihrer Reise nicht ins Hotelzimmer
gefolgt.

Aber ich folgte ihnen. Ich sah ihnen zu, wenn sie
sich entkleideten oder duschten, wenn sie sich
nackt oder halbnackt in der Enge des Hotelzim-
mers streiften. Ich beobachtete Franz' Frau, wie sie
sich, während Franz im Bad war, mit angespannter
Bauchmuskulatur, die flache Hand zwischen Nabel
und Scham, seitwärts im Spiegel betrachtete, weniger narzißtisch als ordnend, so, als wolle sie überprüfen, ob ein Rock über der Hüfte spannt oder
nicht. Immer wieder zwang ich sie, die Kleider ab-
zulegen, um mich wieder und wieder von dem Ekel
erregen zu lassen, der mich beim Anblick ihres
nackten Körpers überkam. Sie hatte diese zu weit
auseinanderstehenden Schenkel der Breitbeckigen
und kleine Brüste wie in der Knospe verwelkte Blumen. Ihr Körper war weder besonders schön noch
besonders häßlich, und ich habe nie ergründen
können, warum er diesen instinktiven Ekel in mir
auslöste. Die Zeichen des Alters hafteten ihm ebenso an wie meinem, und es wäre natürlich gewesen,
Rührung und eigennützige Nachsicht walten zu
lassen. Aber es waren weniger die Unvollkommen-
heit und die Spuren beginnenden Verfalls, die mich
gegen diesen Körper aufbrachten, als sein artfrem-

des Wesen. Er hatte alles, was einen Körper als weiblich ausweist, Brüste, den geraden Abschluß des üppigen Schamhaars, zwischen den Schenkeln die schleimige Öffnung, durch die Franz nachts in ihn eindrang, während ich ihnen zusah, er hatte alles, was auch ich hatte, und trotzdem verweigerte ich ihm die Anerkennung meines Geschlechts.

Als ich zum ersten Mal ansehen mußte, wie Franz sich über sie kniete und ihr behutsam das Nachthemd über den Kopf zog, was sie wie ein Kind geschehen ließ, als entschieden war, daß keine Erinnerung an mich ihn abhalten würde, in sie einzutauchen wie in mich, daß es gleichgültig war, wessen Beine sich spreizten, um seinen begierigen Schwanz aufzunehmen, als der Akt schon unabwendbar war, wartete ich auf den letzten Verrat: daß er es mit ihr genau so tun würde wie mit mir. Ich umarmte die Decke, unter der Franz lag, wenn er bei mir war, als wäre sie Franz. Ich nahm sie zwischen meine Schenkel und drückte mein Gesicht in das Kissen, in dem Franz' Geruch noch haftete, und sah zu, wie sein bleicher Körper auf und nieder ging über einer Frau, deren Stöhnen in mir ähnlichen Ekel hervorrief wie ihr Körper. Die Hand in mein Geschlecht gepreßt, heulte ich auf unter den Stößen, mit denen Franz den Bauch seiner blonden Frau durchmaß.

Am Dienstag rief Franz aus Newcastle an. Ob sie am Sonnabend fish and chips gegessen hätten, fragte ich, Franz wußte nicht mehr, ob sie am Sonnabend fish and chips gegessen hatten oder am Sonntag.

Schläfst du mit ihr, fragte ich.

Nein, sagte Franz.

Wenn du schon mit ihr schläfst, dann belüg mich wenigstens nicht.

Wir waren heute den ganzen Tag am Hadrianswall.

Ihr. Ihr. Ich sage ja nicht, daß ihr heute miteinander geschlafen habt.

Da steht jede Meile ein kleines Fort und alle fünfhundert Meter ein Turm, sagte Franz.

Franz, sagte ich, Franz, wenn du heute nacht wieder mit ihr schlafen willst, wirst du an mich denken müssen, und du wirst nicht können. Du wirst deinen gottverdammten Schwanz nicht hochkriegen.

Franz schwieg. Ich entschuldigte mich und schwor, einen so ordinären Satz in meinem ganzen Leben noch nie ausgesprochen zu haben, was, wenn ich mich richtig erinnere, zu diesem Zeitpunkt der Wahrheit entsprach.

Von Franz war eine Weile nichts zu hören als das schnappende Geräusch seiner Lippen am Pfeifenmundstück, dann sagte er, der Biograph des Hadrian hätte den Wall, diese Mauer, sagte Franz, als die Grenze zwischen den Römern und den Barbaren bezeichnet.

Wir schwiegen noch für ein halbes oder ganzes englisches Pfund, ehe Franz sagte, er werde wieder anrufen. Ich fragte wann, und er sagte, in den nächsten Tagen. Dann legte er auf und verschwand hinter dem Wort Newcastle.

Newcastle upon Tyne liegt am östlichen Ende des Hadrianwalls, Carlisle am westlichen. Die größeren Orte dazwischen heißen Corbridge, Hexham, Haydon Bridge, Haltwhistle und Brampton. Im Reiseführer fand ich unter Newcastle sieben Hotels. Ich schrieb die Telefonnummern auf einen Zettel und legte ihn neben das Telefon. Ich wußte nicht, was ich Franz sagen wollte; ich wußte nur, daß ich in seinen Augen eine Barbarin war. Für einen Satz hatte er mich zur Barbarin ernannt, vor der sich zivilisierte Römer wie Franz und seine Frau durch eine Mauer schützen mußten.

Auch die Gefahr, in einem unpassenden Moment in das eheliche Hotelzimmer telefonisch einzudringen, wog nicht den Zwang auf, Franz über seinen Irrtum sofort aufzuklären und ihm zu sagen, daß ich keine Barbarin war. Die Vorstellung, daß er, angewidert von unserem Gespräch, in dem blonden Fräulein Perleberg auf den kleinen Füßen dankbar die wahre Gefährtin seiner Zivilisiertheit erkennen könnte, weil er seine Liebe zu mir, der Barbarin, schon als Verblendung zu bereuen begann, raubte mir den letzten Sinn für den Irrwitz meines Vorhabens. Die ersten beiden Hotels ließ ich vorerst aus, sie waren zu teuer. Ich hatte noch nie in England angerufen. Der fremdartige girrende Doppelton des Rufzeichens klang mir verheißungsvoll wie ein Gruß zwischen Eingeweihten. Ich war Franz nahe. Eine weibliche Stimme sagte mir etwas, wovon ich nicht mehr verstand als die letzten beiden Silben, in die der Sinn aller vorangegangenen klangvoll zu münden schien: ... help you? Excuse me, I want to speak to Mr. ...

Den Satz hatte ich mir unter den Telefonnummern auf dem Zettel notiert.

Nach einer Pause, während der ich hinter dem tonlosen Klappern der Computertasten gierig den Geräuschfetzen der Newcastler Hotelhalle nachlauschte, hörte ich etwas liebenswürdig Englisches, worin außer dem bedauernden Tonfall auch die Wörter »sorry« und »not« auf die Nichtanwesenheit von Franz schließen ließen.

Jeder Mißerfolg steigerte die Leidenschaft, mit der ich nach Franz suchte. Der Satz mußte gesagt werden: Ich bin keine Barbarin. Die Unerreichbarkeit, hinter der Franz sich verschanzt hatte, mein eigenes Ausgestoßensein, verfügt durch Franz, zu dem ich einzig gehörte, verdrängten jeden anderen Gedanken und ließen nichts übrig als ein Gefühl höllischer Verlorenheit.

Ich war sieben oder acht Jahre alt, als meine Eltern zu einer Geburtstagsfeier gingen und mich, weil ich mein Zimmer nicht aufgeräumt hatte, zur Strafe allein zu Hause ließen. Sie schlossen mich in der Wohnung ein, und ich frage mich bis heute, warum sie nicht befürchtet haben, ich hätte, um meiner Gefangenschaft zu entkommen, aus dem Fenster springen können. Wir wohnten im dritten Stock. Ich schrie, ich heulte, ich erstickte fast an dem Schluchzen, das meinen Körper schüttelte. Ich legte mich vor die Wohnungstür und brüllte meine Verlassenheit durch den Briefschlitz ins Treppenhaus. Als meine Eltern am späten Abend nach Hause kamen, fanden sie mich schlafend hinter der Tür.

Als auch der letzte Portier, den ich befragen konnte, seine Auskunft mit »sorry« einleitete, brüllte ich durchs Telefon, daß ich keine Barbarin sei, daß man das in Newcastle wissen müsse, besonders ein Mann aus Deutschland müsse das wissen, der Mann hieße Franz. Ich brüllte noch, als der Portier in Newcastle schon aufgelegt hatte. Wäh-

rend der folgenden Tage suchte ich Franz in allen
Städten entlang dem Hadrianswall. Einmal, in
Haydon Bridge, habe ich ihn gefunden. One moment please, sagte die Frau an der Rezeption. Ehe
Franz oder seine Frau den Hörer hätte abnehmen
können, unterbrach ich die Leitung. Trotzdem rief
ich auch in den Tagen danach alle im Reiseführer
verzeichneten Hotels in Haltwhistle und Brampton an, aber ich fand Franz nicht noch einmal.

Zwei oder drei Tage vor Franz' geplanter Rückkehr lud Ate die Beteiligten der Hundeentführung
zum Abendessen ein. Mein Besuch hätte sie ani-
miert, nach Freunden jener Zeit zu suchen, und
wenigstens Sieglinde und Rainer hätte sie gefunden. Seltsamerweise, sagte Ate, befänden sich auch
diese beiden, ähnlich wie ich, in einem Zustand
innerer und äußerer Auflösung, wobei Sieglinde
ihre Lage erdulde, während Rainer die seine mut-
willig herbeigeführt hätte. Auf jeden Fall verspre-
che sie sich einen kuriosen Abend.

Ate servierte eine russische Kohlsuppe, von der sie
behauptete, sie auch damals schon für uns gekocht
zu haben. Wir saßen um den Tisch wie müde
Heimkehrer, und jeder forschte in den Gesichtern
der anderen nach dem eigenen Alter. Sieglinde
langte mit ihrem dünnen Arm, an dessen Innen-
seite sich außer den Sehnen auch dicke blaue

Adern wie Regenwürmer abzeichneten, nach der Suppenkelle. Sie hätte, seit ihr Mann sie vor einem halben Jahr verlassen hat, dreißig Pfund abgenommen und wiege demzufolge noch fünfundachtzig Pfund, weshalb sie unbedingt eine zweite Portion von dieser wunderbaren Suppe essen müsse. Obwohl der plötzliche Schwund des Fleisches Sieglindes Haut in sinnlosen Falten zurückgelassen hatte, erinnerte ihre abgemagerte Gestalt in dem weich hängenden Sommerkleid eher an ein Mädchen vor der Geschlechtsreife als an eine alternde Frau. Eines Tages, erzählte sie, hätte die Jugendliebe ihres Mannes, die achtzehnjährig mit ihren Eltern über Nacht nach Hamburg entschwunden war, später einen Schweden heiratete und seitdem in der Nähe von Göteborg lebte, eines Tages hätte diese Renate vor ihrer Tür gestanden, worin Sieglinde zunächst nur einen Grund zur Freude erkennen konnte und auch arglos blieb, als ihr Mann und diese Renate sich öfter trafen und Renate sogar eine kleine Wohnung in Berlin mietete. Verwunderlich fand sie nur, daß ihr Mann, seit diese Renate aufgetaucht war, sich ihr, Sieglinde, in fast vergessener sexueller Leidenschaft zuwendete, so daß sie ihr, dieser Renate, sogar dankbar war, auch wenn sie manchmal in der sehnsüchtigen Heftigkeit ihres Mannes Verzweiflung zu spüren glaubte.

Heute wisse sie natürlich, daß er damals versucht habe, sein Verlangen nach Renate an ihr zu stillen oder auf sie zu übertragen wie ein zu implantierendes Organ, daß seine Leidenschaft aber so oder so nicht mehr ihr gegolten habe. Nach einigen Monaten, die Sieglinde als eine schwierige und belebende Phase ihrer Ehe wahrnahm, offenbarte ihr Mann seine Liebe zu Renate, worauf Sieglinde, in dem gemeinsamen Leben zuständig für die praktischen Belange, entschied, es sei wohl für alle das beste, ihr Mann ziehe in die kleine Wohnung zu Renate, bis dieser Anfall von Liebe sich legen würde.

Versteht ihr, sagte Sieglinde, ich dachte, das müssen wir einfach schnell hinter uns bringen, wie eine Operation. Sie lachte, als hätte ihr jemand gerade eine gute Geschichte erzählt. Ate und Rainer lachten auch, während ich an Sieglinde, die ich immer gemocht hatte, nach Ähnlichkeiten mit Fräulein Perleberg suchte.

Er hat noch gefragt, ob ich es wirklich für das beste hielte, wenn er zu Renate ziehe, und ich habe gesagt: unbedingt mußt du dahin ziehen. Was soll ich mit dir, wenn du so verliebt bist. Ich hab ihm noch die Sachen gepackt. Sieglinde verschluckte sich vor Lachen an der Suppe und hustete, bis ihr die Tränen über das Gesicht liefen.

Ich weiß nicht, ob ich an diesem Abend schon gedacht habe, was ich heute glaube, damals gedacht
zu haben, weil es mir heute unmöglich erscheint,
es damals nicht gedacht zu haben. Sieglinde erstickte fast an ihrem Lachen, obwohl Ate ihr krampf-
lösende flache Schläge zwischen die Schulterblät-
ter versetzte, die wie kleine spitze Flügel unter
dem dünnen Stoff des Kleides hervorstanden. Mit
verendender Stimme würgte Sieglinde ein paarmal
die Zahl vierundzwanzig heraus, vierundzwanzig,
vierundzwanzig, ehe es ihr endlich gelang, das er-
klärende Substantiv anzufügen: vierundzwanzig
Jahre, worauf Ate sagte: Ist ja auch eine lange
Zeit. Ich kann mir nicht vorstellen, daß ich angesichts von Sieglindes tapferer Untröstlichkeit nicht
darüber nachgedacht habe, warum sich, obwohl
ich mich darum bemühte, in mir kein Mitleid
regen wollte.
Ich hatte Sieglinde gern wie die flache, spröde
Landschaft, aus der sie damals an manchen Sonn-
tagen gekommen war und in Ates Küche den
durchwachsenen Speck und die Leberwurst in
Einweckgläsern aus Zeitungspapier gewickelt hatte. Den Speck aßen wir auf Schwarzbrot, dick mit
Meerrettich bestrichen. Vielleicht schmeckte uns
das wirklich, vielleicht aßen wir es auch nur um
des Stöhnens und Seufzens willen, das die Schärfe

des Meerrettichs in uns auslöste. Wir stöhnten und seufzten hemmungslos, jede nach ihrem Temperament und jede in ihrer Tonlage, wir entzückten uns gegenseitig mit unserer lustvollen Atemlosigkeit und den überschwemmten Augen. Ates Küche grenzte direkt ans Treppenhaus. Niemand, der uns im Vorübergehen hörte, hätte hinter unserem orgiastischen Kanon ein unschuldiges Vergnügen aus Speck und Meerrettich vermutet.

Allein wegen der Speckorgien habe ich mich immer gern an Sieglinde erinnert, und ich hatte nicht den geringsten Grund, diese Renate samt ihren Ganzkörpermassagen, die sie bei einem ganz bestimmten Kerzenlicht und unheimlicher Chormusik Sieglindes verblendetem Ehemann angedeihen ließ, nicht Sieglinde zuliebe zum Teufel zu wünschen. Jedenfalls hatte ich keinen Grund, der mit Sieglinde, ihrem Mann oder dieser Renate zu tun gehabt hätte. Trotzdem empfand ich es als einen längst überfälligen Vollzug der Gerechtigkeit, der mich mit Genugtuung, sogar mit Schadenfreude erfüllte, daß Sieglindes Mann in die kleine Wohnung zu Renate gezogen war, statt mit Sieglinde an den Hadrianswall oder sonstwohin zu reisen.

Ate sagte Scheißmänner oder etwas Ähnliches, aber weder Sieglinde noch ich stimmten ihr zu. Wir hofften beide noch.

Ich habe auch später noch oft an Sieglinde denken müssen. Irgend jemand hat mir, ehe Franz mich verließ, erzählt, wie ihre Geschichte ausgegangen ist. Der Tod spielte dabei eine Rolle. Entweder ist ihr Ehemann zu ihr zurückgekehrt, und Renate ist gestorben. Oder er ist nicht zu ihr zurückgekehrt, und Sieglinde ist gestorben. Der Mann ist, wenn ich mich richtig erinnere, nicht gestorben, vielleicht aber doch.

Später, als zwischen Franz und mir alles entschieden war, habe ich Sieglinde gewünscht, ihr Mann möge zu ihr zurückgegangen sein, obwohl ich nicht sicher war, ob man ihr das wirklich wünschen sollte, denn an dem Abend bei Ate, nachdem die Suppe gegessen und die letzte Flasche Rotwein geöffnet war, hatte Sieglinde mit der ihr eigenen pommerschen Nüchternheit gesagt, daß sie jetzt nur noch eins wissen müsse: zwanzig Jahre hätte sie ein Ekzem am Bein gequält; seit einem halben Jahr, solange wie ihr Mann, sei es verschwunden; warum?

Ich glaube, daß Sieglinde ein besserer Mensch war als ich. Sie hat mir meine Liebe zu Franz weniger verübelt, als ich ihr die Trauer um ihren Mann. Für den Fall, daß sie noch lebt, wird sie auch heute noch ein besserer Mensch sein als ich. Sie wird sich für ihre Enkel und Urenkel interessieren oder, wenn sie noch bei Kräften ist, für ihre Nachbarn einkaufen und kochen, während ich mich nur vage an meine Tochter erinnere und nicht einmal wüßte, ob die Nachbarwohnung von Menschen oder Mäusen bewohnt ist, hörte ich nicht ab und zu Musik und menschliche Stimmen durch die Wände. Ich habe mein Leben lang zu fest an die Natur geglaubt, um ein guter Mensch zu sein. Es ist mir einfach nie gelungen, das Gemälde von einem Meer, und sei es von Claude Lorrain, tiefer zu bewundern als das Meer selbst, wie mir die Natur überhaupt, samt dem Menschen, immer als ein unübertreffliches Kunstwerk erschienen ist, von ihrem technischen Genie ganz zu schweigen. Auch der begnadetste Statiker hätte das Skelett des Brachiosaurus nicht erfinden können, wäre in der Natur etwas Vergleichbares nicht schon dagewesen. Alles Nachahmungen, von der Steckdose bis zum Mikrochip nur Nachahmungen, selbst das Rad, ohne Kugel kein Rad.

Bis heute erschrecke ich manchmal, wenn ich ein blutendes Tier sehe und denken muß, daß durch uns alle der gleiche Saft strömt, daß wir alle, wenn wir geboren werden, an Nabelschnüren hängen, daß wir alle auf die gleiche Art gezeugt werden. Der Mikrokosmos ist ein Mysterium für sich. Ich habe meine Tierhaftigkeit nie vergessen können.

Je älter ich wurde, um so weniger war die Zivilisation mir ein Trost, was nicht bedeutet, daß ich sie je mißachtet hätte, aber eben so, wie man ein Gebiß nicht mißachtet, nachdem einem die Zähne ausgefallen sind.

Über den Wert unseres tierhaften Anteils habe ich mich mit Franz nie einigen können, was ich eigentümlich fand, weil Männer mir immer tierhafter vorkamen als Frauen, allein wegen der Körperstärke und des verbliebenen Fells, vor allem aber wegen ihrer ausgeprägteren Triebhaftigkeit. Franz bestritt das. Die Triebhaftigkeit der Frauen, hätte er beobachtet, erfülle sich dafür im Gebären. Und außerdem hätten diese behaarten, bärenstarken Triebtäter an der Entwicklung der Zivilisation einen ungleich größeren Anteil als ihre pfirsichhäutigen Frauen. Dagegen war nichts zu sagen, und vielleicht erklärte es ja auch, warum Franz diese ganze Einrichtung weniger verdächtig fand als ich.

Sieglinde gehörte zu den Menschen, die jedes Ding und jede Lebenslage in Natur zurückverwandeln können, indem sie alles, was sie umgibt, behandeln, als sei es das gottgegebene Leben. Wie Schwalben, die ihre Nester aus Magnettonbändern bauen, wenn sie sie irgendwo unter dem freien Himmel zwischen Zweigen und Gräsern finden, oder wie in Wohnungen gehaltene Katzen, die in Ermangelung von borkigen Baumstämmen die Möbel als solche zum Wetzen ihrer Krallen benutzen, können Menschen wie Sieglinde in einem Plattenneubau die Höhle für sich und ihr Junges ebenso erkennen wie in einer Lehmhütte oder in einem Schloß. Eine Straße erscheint ihnen so natürlich wie ein Waldweg, und ein vakuumverpacktes Stück Fleisch aus der Tiefkühltruhe wird nach Hause getragen wie ein gerade erlegtes Wild.

Vielleicht haben Menschen, die auf dem Lande großgeworden sind, ein anderes, stärkeres Gesetz zu befolgen gelernt, während die Stadtkinder, sobald sie sehen können und von ihren Müttern im Kinderwagen durch die Straßen geschoben werden, das Wandelbare und Unbeständige des Lebens erfahren, das ganz und gar Menschengemachte, das Gottlose eben. Als ich geboren wurde, war Krieg; und hätte er fortgedauert bis zu meinem vielleicht frühen Tod, hätte ich ihn für das natürliche Leben gehalten, so wie Hansi Petzke und ich in den vergifteten Ratten ein normales Spielzeug gesehen haben. Später habe ich Ratten gefürchtet wie die meisten Menschen. Aber vielleicht hat sich ja auch Sieglinde vor Ratten gefürchtet.

Wahrscheinlich hätte ich Sieglinde längst vergessen, wären wir uns an diesem Sonnabend, zwei

oder drei Tage vor Franz' Rückkehr vom Hadrianswall, nicht bei Ate begegnet, und hätte ich ihr nicht
ihr Unglück gegönnt, nur weil ich Franz' Frau ihr
Glück nicht gönnte.

Wer weiß schon, warum wir das eine vergessen
und uns an das andere erinnern. Es ist auch möglich, daß ich mich so gut an Sieglinde erinnere,
weil ohne sie der verrückte Pakt zwischen Rainer
und mir vermutlich nicht zustande gekommen
wäre und Franz mich demzufolge vielleicht nicht
verlassen hätte.

Rainer war einige Wochen vor dem Treffen bei Ate
nach fünfzehnjähriger Ehe aus dem gemeinsamen
Haus in Bad Homburg ausgezogen und nach Berlin zurückgekehrt; ohne sonderlichen Grund, wie
er sagte, vielleicht nur, weil er bis zum Ende der
seltsamen Zeit geglaubt hatte, Anke, seine Frau,
niemals verlassen zu dürfen, nachdem sie, eine ge-
bürtige Düsseldorferin, die, als er sie kennenlernte, im westlichen Teil von Berlin studierte, ihn aus
der Gefangenschaft hinter der Mauer befreit hatte. Anke hatte eine Fluchthilfeorganisation beauftragt und aus der großmütterlichen Erbschaft bezahlt, die Rainer im Kofferraum eines Mercedes
als Transitgepäck von Berlin nach Hamburg trans-
portierte, wo Anke ihn in der Wohnung einer Freundin mit mehreren Flaschen eisgekühlten Sekts und

einer großen Schüssel Büsumer Krabben erwartete. Auf einer Geburtstagsfeier hatten die beiden sich kennengelernt und ineinander verliebt. Nachträglich, sagte Rainer, käme es ihm so vor, als hätte die wenn zunächst auch nur vage Aussicht auf eine Flucht das Maß seiner Verliebtheit nicht unwesentlich beeinflußt. Wenigstens aber hätte die nur ihr gegebene Fähigkeit, ihn aus dem Osten rauszuholen, wie Rainer es nannte, ihm Anke schöner erscheinen lassen als alle anderen, ihre Stimme verheißungsvoller, ihre Bewegungen aufreizender.

Später, als die Leidenschaft des Anfangs einer eher geschwisterlichen Zuneigung gewichen war, verbot sich Rainer den gelegentlich aufkeimenden Wunsch, sich von Anke zu trennen, aus Dankbarkeit und nicht ohne den Gedanken an Sühne, falls seine Selbstverdächtigung, sich in Anke vorwiegend wegen ihres Rettungspotentials verliebt zu haben, zuträfe. Bis zu dem Tag, an dem die seltsame Zeit endete. Seitdem, sagte Rainer, wäre ich auch ohne sie frei, für die Zeit danach schulde ich ihr nichts mehr. Jetzt bin ich frei.

Und Anke, fragte Ate.

Ja, Anke, sagte Rainer, streifte mit einem unsicheren Blick Sieglinde, die stumm in ihren leeren Suppenteller starrte, sah dann zu mir und fand die Zustimmung, die er suchte. Viel Glück, sagte ich.

Jede Geschichte war meine Geschichte; Anke und Rainer ein ebenso zu Unrecht bestehender Homunkulus wie Franz und seine kleine blonde Frau. Anke hatte sich einen Mann, der nicht für sie vorgesehen war, mit einem Trick gekidnappt. Wie ich Franz nicht hatte treffen können, weil wahnsinnige Gangster eine Mauer zwischen ihn und mich gebaut hatten, so hatte irgendwo in meiner Umgebung eine Frau leben müssen ohne Rainer, weil Anke ihn ihr geraubt hatte, weggekauft mit der Erbschaft von der Großmutter. Und wenn Anke jetzt unglücklich war, dann nur, weil sie Jahrzehnte in einem ergaunerten Glück gelebt hatte. So habe ich damals darüber gedacht.

Rainer fuhr mich nach Hause. Er arbeitete in einer Werbe- oder Musik- oder Reiseagentur und verdiente offenbar genug Geld, um es für unnötig teure Autos zu verschwenden. Er sah aus, als würde er Sport treiben oder wenigstens joggen.

Ich fragte, ob er sich daran erinnere, wie wir Parsifal entführt hätten.

Außer seiner Flucht im Kofferraum sei Parsifals Entführung das tollste Ding, das er im Leben gedreht hätte, sagte er, nur schade, daß es nichts gebracht hat.

Ich glaube nicht, daß ich Rainer etwas von Dr. Hans-Kurt Weihers Tod erzählt habe.

Würdest du immer noch Hunde entführen, fragte er.

Inzwischen wieder, sagte ich.

In einer Kneipe am Kollwitz-Platz, in der ich außer uns keinen Menschen entdecken konnte, der älter war als dreißig, tranken wir noch ein Glas Wein. Ich dachte an Franz, mit dem ich mich auch darum niemals alt fühlte, weil wir immer allein in meiner Wohnung blieben. Ich dachte die ganze Zeit an Franz. Als ich neben Rainer in der Kneipe saß, dachte ich an Franz' Haut, die eine besondere Temperatur hatte oder etwas anderes Unbeschreibliches, das mich in einen Zustand stummer Seligkeit versetzte, sobald es mich berührte. Meine neugeborene Tochter hatte sofort zu schreien aufgehört, wenn sie in körperwarmes Wasser getaucht wurde, stumm und überirdisch zufrieden sah sie dann mit ihren noch halbblinden Augen in die Welt. Es muß die Erinnerung an die sichere Zeit im mütterlichen Fruchtwasser gewesen sein. Woran ich mich in Franz' Umarmung hätte erinnern können, weiß ich nicht, vielleicht ans Paradies.

Es war ein Uhr nachts, und in Carlisle oder Brampton, wo Franz jetzt neben seiner Frau im Bett lag, war es zwölf. Franz war nackt, einen Arm hatte er über seine schlafende Frau gelegt. Zwei oder drei Stunden früher wird er sie in beiden

Armen gehalten haben, er wird ihre Augen, ihren Mund, ihre kleinen Brüste geküßt haben und dann, vielleicht sogar mit einem schnellen Gedanken an mich, wird er ihr mit seinen Knien die Beine geöffnet haben. Ich fragte Rainer, ob er mit zu mir kommen wolle. Eigentlich hätte ich mich zu alt fühlen müssen, um mit einem Mann, den ich kaum kannte, einfach ins Bett zu gehen, wenigstens hätte ich befürchten müssen, daß der Mann mich für zu alt hielt. Aber immerhin hatten Rainer und ich, als wir noch jung waren, gemeinsam einen Hund entführt, und, was wohl entscheidend war, wir hatten uns an diesem Abend als rücksichtslose Glückssucher verbündet. Ich hatte Rainer das Recht zugesprochen, Anke zu verlassen, und er wußte warum. Ich konnte nichts anderes empfinden, als daß Rainer nicht Franz war, und die Lust, mit der ich ihn umarmte, war nur die, daß ich es überhaupt tat, daß ich, während Franz nackt neben seiner Frau lag, nackt unter einem Mann lag, daß ich endlich auch tat, was Franz mir Abend für Abend tat. Ich stellte mir vor, wie ich Franz von diesem Abend erzählen würde.

*

Nach dem Anruf aus Newcastle hat Franz sich nicht mehr gemeldet. Ich hatte die Wohnung

kaum mehr verlassen. Wahrscheinlich hatte ich
Urlaub genommen oder mich krank schreiben lassen und saß Stunde um Stunde neben dem Telefon
und wartete.

Je länger ich wartete, je öfter ich mir vorstellte,
wie es sein würde, wenn Franz wieder mit diesen
bemessenen Schritten wie ein Hochspringer, der
Anlauf nimmt und den richtigen Absprungpunkt
nicht verfehlen darf, durch meine Tür träte, um so
weniger glaubte ich an seine Rückkehr, obwohl ich
nichts, gar nichts anderes tat, als sie zu erwarten.

An dem Sonntag, für den Franz seine Rückkunft
angekündigt hatte, blieb ich im Bett. Der Tag
schien mir so viele Gefahren zu bergen, daß ich
mich ihnen nur liegend, kampflos ergeben sozusagen, und daunenumhüllt auszusetzen wagte. Ich
fürchtete das Wiedersehen kaum weniger als das
Ausbleiben des Wiedersehens. Ich wußte, daß etwas vorbei war, daß nur noch bewiesen werden
mußte, daß es vorbei war. Ich wußte es und habe
es nur nicht wissen wollen. Ich hatte zu viel gesehen während dieser Nächte in Newcastle und
Haydon Bridge, Brampton und Carlisle.

Ich rief Ate an, oder Ate rief mich an und sagte,
sie hätte über mich nachgedacht und wolle mir
sagen, daß ich, was immer ich von diesem Mann
erhoffte, nicht bekommen würde, weil man das

auf der Erde nicht bekommen könne, von nichts und niemandem und darum ich auch nicht von Franz.

Aber was wußte Ate, die sich vor zwanzig oder dreißig Jahren einen Zettel übers Bett gehängt hat, auf dem stand, daß sie nicht mehr getreten werden wollte. Wenn das, wovon Ate behauptete, daß es auf der Erde nicht zu haben war, doch zu haben wäre, dann hätte Ate freiwillig darauf verzichtet, nur um ein paar Tritten zu entgehen.

Ich schwieg. Von Ate hörte ich nichts als ein durch das Telefon isoliertes und ekelhaft verstärktes Kaugeräusch, das mich empörte.

Was ißt du?

Ein Stück Huhn ...

Findest du es nicht widerlich, ein Stück Huhn zu essen und mich dabei über die Lächerlichkeit der Liebe zu belehren?

Von Lächerlichkeit habe ich nichts gesagt.

Aber gemeint; du meinst, daß zur großen Liebe eine straffe Haut gehört und die Anmut der Jugend und daß ein altes Reff wie ich sich gefälligst beherrschen soll, weil die Liebesgene uns nur zum Zwecke der Fortpflanzung eingegeben sind und es sich bei mir darum bestenfalls um eine halluzinatorische Reminiszenz handeln kann. Und daß ein Mann, der sich in so was verliebt, pervers sein muß oder ein Erbschleicher, was in meinem Fall aber nicht in Frage kommt, weil ich nichts zu vererben habe; das meinst du.

Ate lachte. Das meinst du und denkst darum, daß andere es denken.

Manchmal, sagte ich.

Ich frage mich, was erwachsene Menschen treibt, sich freiwillig zu versklaven. Vielleicht hast du Angst vor der Freiheit.

Ate, sagte ich, es gibt nicht nur die Penthesilea, es gibt auch das demütige, aber ebenso halsstarrige Käthchen von Heilbronn. Es läuft aufs gleiche raus: »... dich zu gewinnen oder umzukommen.« Den Satz kenne ich von dir.

Und ich sage dir, du kannst nicht gewinnen.

Und du, was gewinnst du?

Wenigstens verliere ich nicht meinen Verstand.

Mit Verrückten und Verliebten soll man nicht streiten.

Wer sagt das?

Ist ein russisches Sprichwort. Außerdem warte ich auf Franz.

Ate sagte, die Liebe sei offenbar eine Glaubenssache, eine Art religiöser Wahn, und ich sagte, die Liebe sei der letzte Rest Natur in uns und die ganze menschengemachte Ordnung nur da, um sie zu domestizieren. Seit ich Franz liebe, sagte ich zu

175

Ate, muß ich mich nicht jeden Tag fragen, warum ich lebe und eines Tages sterben muß.

Du hast nur Angst vorm Altwerden, sagte Ate.

Ich kann mich nicht erinnern, wie unser Gespräch endete. Vermutlich haben wir es unterbrochen, weil ich auf Franz wartete und darum das Telefon freihalten wollte. Ates Behauptung, die Liebe sei eine Glaubenssache, hat mich noch oft beschäftigt. Vielleicht hatte Ate recht, und jedes Bekenntnis zu unserer Naturhaftigkeit ist eine Glaubenssache. Aber auch, wer die Macht der Natur über die Menschen leugnet, hat nicht mehr aufzubieten als seinen Wunsch und einen Glauben, der in der Verkleidung eines Unglaubens daherkommt.

Franz rief um drei Uhr am Nachmittag an, eine Stunde früher, als ich es für möglich gehalten hatte. Bis dahin blieb ich, trotz der Hitze, unter Daunen vergraben im Bett und erlebte in endloser Folge die immer gleichen erlösenden zehn Sekunden: der Korridor, die Tür, Franz, Franz' Arme, Mund, diese Haut. Und wieder vom Anfang, durch den Korridor, zur Tür, Franz' diesmal hastiger Schritt in die Wohnung, Franz' Arme, seine die Sommerhitze feucht verströmende Haut. Ich suchte die Bilder danach, Franz und ich am Tisch, Franz mit der Gitarre, Franz und ich zwischen den fleischfressenden Pflanzen; oder Sätze, wir würden Sätze sagen, wenigstens Wörter. Statt dessen immer wieder nur der Korridor, die Tür, Franz, Haut. Ich wußte nicht weiter.

Er kam um vier. Hundertmal hatte ich mich durch den Korridor zur Tür fliegen sehen. Jetzt ging ich so langsam, als wollte ich gar nicht gehen. Franz wickelte Blumen aus dem Papier, blaue Iris und Margeriten. Er sah aus wie jemand, der aus dem Urlaub kommt, braungebrannt, gelöst. Es kränkte mich, daß er lachte. Franz lachte, als sei nicht er es gewesen, der mir die zweiwöchige Folter zugemutet hatte, der mich in Berlin zurückgelassen hatte, um mit einer anderen Frau freiwillig an den Hadrianswall zu fahren und sich Nacht für Nacht in sie zu versenken, in sie einzutauchen wie sonst in mich, der mich eine Barbarin genannt und sich danach nicht wieder gemeldet hatte. Jetzt lachte er, als sei er mein Erlöser.

Ich stellte die Blumen ins Wasser. Franz bestand darauf, daß ich zuvor ihre Stiele beschnitt. Ich brachte Wein und Gläser. Wir umarmten uns nicht. Ich fragte mich, wie ich mit Franz' Antwort auf meine Frage nach seinem Befinden, gesetzt den Fall, ich stellte sie, umgehen würde. Er würde versuchen, dem Zwiespalt der Situation gerecht zu werden, also vielleicht: Jetzt geht es mir wieder gut, woraus ich schließen sollte, daß es ihm vorher, ohne mich, schlecht gegangen war. Oder er würde sagen: Ich dachte, es ginge mir gut, was bedeutete, er hätte sich auf mich gefreut, fände sich aber angesichts meiner vorwurfsvollen Zurückhaltung in seiner Vorfreude nicht bestätigt. Die erste Antwort hätte ich für eine Lüge gehalten, weil Franz seine Reise nicht abgebrochen hatte, weil er mich nicht jeden Tag angerufen oder mir jeden Tag geschrieben hatte, weil er gesund und entspannt aussah und nicht blaß und gequält wie ich, und weil ich überhaupt zu viel über diese Reise wußte. Die zweite Antwort hätte mich empört, weil sie mich für die mißliche Stimmung verantwortlich machte. Vielleicht würde er aber auch sagen, es sei eine schöne Reise gewesen und würde mir den Weg von Edinburgh über Newcastle nach Carlisle, den ich genau kannte, beschreiben wollen. Es gab keine Antwort, die ich ertragen hätte. Franz stopfte eine Pfeife und stieß dabei mit dem Atem kleine ratlose Töne aus. Wahrscheinlich berechnete auch er das unerwartete Risiko einfacher Fragen. Wie geht es dir? Schlecht. Warum, hätte er dann fragen müssen.

Wir schwiegen lange, ehe Franz sagte, er hätte noch nicht einmal seine Sachen ausgepackt, sondern sei unter einem fadenscheinigen Vorwand gleich zu mir gekommen.

Obwohl ich verstand, daß Franz den Satz wie ein Seil in die Tiefe warf, damit ich mich daran emporziehen könnte, erwies auch er sich als unsagbar. Daß es einer Lüge bedurfte, um zu mir zu kommen, und daß es jemanden gab, der ein Anrecht auf diese Lüge hatte, ertrug ich nur schwer. Daß ich aber Franz' Zugehörigkeit zu der kleinen blonden Frau akzeptieren sollte, indem ich sein Geschick im Lügen bewunderte, war unzumutbar.

Sie wird deinen Koffer inzwischen ausgepackt haben, sagte ich, worauf Franz aufstand, sich mit einem weißgrauen Blick auf mich das Jackett über eine Schulter hängte und auf die Tür zuging. Dann erst umarmten wir uns.

Es war das erste Mal, daß wir in solcher Sprachlosigkeit gefangen waren wie in einer Schlinge, die sich bei jedem Ausbruchsversuch enger um den Hals schließt. Ich hatte die Gefahr geahnt und trotzdem selbst befördert. Seit ich hier sitze, seit fünfzig oder fünfzehn Jahren, frage ich mich immer wieder, warum ich Franz' Reise an den Hadrianswall nicht habe hinnehmen können wie einen verregneten Sommer, wie Krankheit oder irgendeine andere Mißliebigkeit. Oder so, wie ich es vorher hingenommen hatte, wenn er nachts um halb eins aus meinem Bett aufstand, um in einem anderen Bett neben einer anderen Frau einzuschlafen. Aber vielleicht wäre ohne die Reise alles genauso geschehen, vielleicht war die Zeit der reinen Dankbarkeit vorbei. So jedenfalls habe ich es mir inzwischen erklärt. Die Zeit der reinen Dankbarkeit ist die erste Phase der Liebe, vermutlich jeder Liebe. Einem Menschen gelingt es, uns zu verwandeln. Eigenschaften, von denen wir wünschten oder sogar wußten, daß sie verschüttet oder unerweckt in uns verborgen sind, verdrängen von der Sekunde unseres Verliebtseins an andere, mit denen zu leben wir gewohnt waren. Wir erkennen uns nicht wieder. Wir sind schöner, sanfter, weise. Wir sind erlöst von unserem Kleinmut und unserer Mißgunst. Wir fühlen uns imstande, unserem ärgsten Feind zu vergeben. Jeden Baum, jede Straße, jede Minute überstrahlen wir mit unserem Glück und wundern uns über ihre bis dahin unentdeckte Schönheit. Wir fühlen uns eins mit dem Himmel, dem Regen, dem Wind. Wir sind endlich von dieser Welt und endlich gar nicht mehr von ihr. Nachdem ich Franz getroffen hatte, schlug ein Gedicht wochenlang in mir wie mein Herz: »Es war, als hätte der Himmel die Erde still geküßt, / daß sie im Blütenschimmer von ihm nun träumen müßt. / Und meine Seele spannte weit ihre Flügel aus / flog durch die weiten Lande, als flöge sie nach Haus.« Wir sind dem Menschen, der uns in das verzaubert hat, was wir nun sind und schon immer hatten sein wollen, dankbar, so dankbar, daß wir ihm nichts vorenthalten wollen von dem, was wir zu vergeben haben. Wir wollen ihm bedingungslos dienen. Wir würden unser Leben hergeben für das Wunder, das er an uns vollbracht hat. Wir fragen nicht, warum er es war, der uns verwandeln konnte. Er war es. Wir schreiben unser Leben um, weil es uns nachträglich sein Ziel offenbart hat: den Augenblick der Begegnung mit ihm, den wir insgeheim unseren Schöpfer nennen, denn was wir in uns verspüren, halten wir für göttlich, und nachdem ich im Laufe der Jahre über die Liebe alles gedacht habe, was ich zu denken vermochte, glaube ich, daß eben das die wahrhaftigste Empfindung ist, zu der wir imstande sind.

Bis etwas geschieht; etwas Kleines, Belangloses, aber genug, um uns zu erschrecken und uns unsere Schutzlosigkeit erkennen zu lassen. Eine unerklärliche Verspätung, ein ausgebliebener Telefonanruf, ein zufällig gefundenes Bild. Damit beginnt die Zeit der Angst. Die eine Stunde, in der wir uns verraten glauben, genügt, um zu begreifen, daß wir uns in der Lage befinden, die wir am meisten fürchten. Der eine wird das Gefühl haben, er stehe mit der Fußspitze auf einem bleistiftdünnen Gipfel, fast ohne Bodenhaftung, die Hände in den Himmel verkrallt, und jeder Windhauch kann ihn in den Abgrund stoßen. Der andere ist verurteilt, über die glitschigen Fliesen eines domhohen Schwimmbads zu laufen und unter dem hallenden Gelächter unsichtbarer Zuschauer bei jedem Schritt zu stürzen. Ich selbst befand mich in einem runden Raum mit hundert verschlossenen Türen. Jedem wird sein Alptraum erfüllt. Wir haben uns ausgeliefert.

Aber der Geliebte kommt, er kommt verspätet, aber er kommt. Der ausgebliebene Anruf erklärt sich durch ein defektes Telefon, das zufällig gefundene Bild erweist sich als belanglos. Was wir befürchtet haben, ist uns nicht passiert, aber der Verdacht, daß es passieren könnte, verläßt uns nicht mehr. Als Franz mir sagte, er müsse verreisen, erfüllte sich die Prophezeiung.

Erst seit ich wußte, daß Franz nicht zurückkommen würde, konnte ich ihm wieder dankbar sein. Seitdem hatte ich wieder die Wahl. Ich habe in all den Jahren nichts anderes gewollt, als hier in meiner Wohnung zu sitzen und Franz zu lieben. Selbst wenn ich um Franz weinte, womit ich insgesamt wohl Monate, wenn nicht Jahre verbracht haben werde, war es mein freier Wille.

*

Schön wie ein bleichhäutiges Tier liegt Franz zwischen den fleischfressenden Pflanzen. Wenn ich über seine Haut streiche, spüre ich es, als streichelte ich mich selbst. Manchmal kann ich zwischen Franz und mir nicht unterscheiden.

Bin ich eine Barbarin?

Ich weiß nicht, vielleicht, sagt Franz.

Sind alle Nichtrömer Barbaren?

Für alle Römer sind alle Nichtrömer Barbaren.

Und du bist Römer?

Ja freilich.

Und ich nicht?

Ich weiß nicht, Halbrömerin vielleicht.

Franz weiß nicht, ob man als Römer vom Vater oder von der Mutter abstammt, meint aber, um ein Römer zu sein, genüge es, wie ein Römer zu sein.

Für ein paar Stunden hatten wir uns ganz im Mysterium unserer Körper verlieren können. Wir beteuerten uns gegenseitig unsere Einzigartigkeit, und Franz sagte, daß er außer seiner Jugendliebe, aber vielleicht nicht einmal die, keine Frau geliebt hat wie mich; und ich sagte zu Franz, daß ich ohne ihn nicht mehr leben wolle, und Franz sagte, es sei wunderbar, das ganze abgedroschene Unsagbare schamlos auszusprechen und überdies daran zu glauben. Ich küßte die Senke zwischen Franz'

unterem Rippenbogen und dem Hüftknochen, wo
Franz so zart war wie ein Mädchen, und wollte
wissen, warum ich in Franz' Augen eine Barbarin
war.

Seine Bemerkung über den Biografen des Kaisers
Hadrian hätte mich wahrscheinlich weniger bewegt,
wären die kulturellen Unterschiede zwischen den
Menschen, deren Lebenswege der seltsamen Zeit
unterworfen gewesen waren, und allen anderen,
mit denen sie plötzlich zusammenlebten, nicht
eine allgemeine Erklärung für die zwischen den
beiden Gruppen verbreitete Verständnislosigkeit
gewesen. Wer nicht in ihr gelebt hatte, stellte sich
unter der seltsamen Zeit häufig etwas Ähnliches
wie ein Zeitloch vor, in das die anderen gefallen
waren und so den Fortgang der Welt jahrzehntelang versäumt hatten. Ich selbst habe solches Ge-
rede angesichts meines gigantischen Freundes unter
dem Glasdach unseres Museums nicht sonderlich
ernst nehmen können, zumal die Unterschiede,
derer man sich rühmte oder genierte, je nachdem,
welcher Gruppe man angehörte, so lächerlich ge-
ring waren, daß sie kaum einer Rede wert gewesen
wären.

Jedenfalls waren sie nicht erheblicher, nur unge-
wohnter, als die zwischen Kleinstädtern und Groß-
städtern, und alle Verschiedenheit zwischen Franz

und mir hätte ebensogut in seiner kleinstädtischen Herkunft gründen können wie in meinem Leben während der seltsamen Zeit. Trotzdem glaubte wohl auch Franz, daß es mir an mehr mangelte als an der Kenntnis von Kirchenliedern. So, wie Franz, als ich ihm die Stalinhymne vorsang, mich der immerwährenden Verräterei verdächtigt hatte, so hat er hinter der lautlosen, unmerklichen Auflösung meiner Ehe vor allem den Verfall christlicher Gesittung während der seltsamen Zeit erkennen wollen. Nicht meine Treue zu ihm, Franz, zählte, sondern meine Untreue gegenüber meinem Ehemann.

Ich erinnere mich nicht gern an die Zeit nach Franz' Reise an den Hadrianswall, es macht mich so müde. Auch jetzt werde ich müde. Ich habe meistens an dieser Stelle unterbrochen und lieber wieder an den Anfang gedacht. Darum ist dieser Teil meiner Erinnerungen auch ungeordnet und weniger genau, vieles habe ich auch schon im Augenblick seines Geschehens vergessen oder kurz danach. Es gibt Tage, von denen ich nicht mehr behalten habe als ein einziges Bild. Franz lehnt an einer roten Backsteinmauer, er trägt ein dunkelblaues Hemd mit offenem Kragen, über seinem rechten Ohr steht eine kleine Haarsträhne ab wie eine Feder. Franz sieht mich an, die Augen gegen die Sonne halbgeschlossen, und weist mit ausge-

strecktem Zeigefinger nach oben. Ich weiß nicht
einmal mehr, ob er mir eine Wolke oder das Gie-
belfenster eines Kirchturms zeigen wollte, nur,
daß er so dastand und daß es Sonntag war. Wahrscheinlich hatten wir später Streit. Ja, ich werde
müde, aber diesmal ist es angenehm.

Die Chronologie der Ereignisse nach Franz' Rückkehr kann ich weder nachvollziehen, noch ist sie
von Belang; so wenig, wie es, wenn unser Haus
samt seinem Inventar abbrennt, von Belang ist, in
welcher Reihenfolge die Möbel, Bilder, Bücher
und alle anderen Dinge, in denen unser Leben
sich materialisiert hat, in Asche verwandelt werden. Eigentlich hatte sich nichts verändert. Franz
besuchte mich zweimal, oft sogar dreimal in der
Woche, und da die Umgestaltung unseres Museums, die Franz für die Abteilung der Hautflügler
zu verantworten hatte, immer noch nicht abgeschlossen war, ließen sich sogar sonntägliche Treffen erklären, ohne den Argwohn von Franz' Frau
zu wecken. Trotzdem hatte sich mein Glück, das
mir so unverhofft und überwältigend zugestoßen
war, in ebensolches Unglück verwandelt. Seit
Franz wie in den zwanzig oder fünfundzwanzig
Jahren davor mit seiner Frau verreist war, vor
allem aber, seit ich sein beiläufiges zärtliches
Lächeln für sie gesehen hatte, bezweifelte ich,

daß er mich liebte. Ständig forderte ich Bekennt-
nisse, die mich aber nicht länger beruhigten, als
Franz brauchte, um sie auszusprechen. Und wenn
er eben beteuert hatte, daß er mich liebe, wollte
ich es ein paar Minuten später wieder hören.
Wahrscheinlich hätte ich es damals für eine nor-
male Unterhaltung angesehen, wenn wir einander
stundenlang wieder und wieder den gleichen Satz
gesagt hätten. Oder, was noch schlimmer war, ich
antwortete auf Franz' Liebessätze mit einem spöt-
tischen, ihn der Lüge bezichtigenden Lachen oder
»achja«.

Er hätte mich nicht mehr verlassen dürfen. Er
hätte sich nicht mehr Nacht für Nacht neben die
kleine blonde Frau legen dürfen, sogar dann, wenn
wir gerade noch wie ein einziges lebendes Gewächs
ineinander verschlungen gewesen waren, wenn er
und ich noch den gleichen wilden Geruch nach
Hitze und Sperma verströmten, wenn an seinen
Händen noch mein Haar und meine Haut hafteten.
Er hätte sie verlassen müssen, wie ich meinen Ehemann verlassen hatte, oder wie der unauffällig aus
meinem Leben verschwunden war, weil niemand
mehr da war, den er hätte verlassen können.

Ich schlief kaum noch. Mich verfolgte die Nackt-
heit der Frau, die gespreizten Schenkel, das offene
Geschlecht.

Ate hielt mich für wahnsinnig. Franz sei schließlich kein junger Mann, und bei aller Wertschätzung glaube sie nicht, daß er zu einem so ausschweifenden sexuellen Doppelleben fähig sei.

Das Beste von dem Mann hast du, sagte Ate, er liebt dich, er begehrt dich, er will dir gefallen, warum willst du eigentlich den Rest. Willst du unbedingt seine Hemden bügeln, seine schlechte Laune ertragen, seine Bedeutung würdigen und seinen Chef bekochen. Sei doch froh, daß eine andere das macht. Er schläft bei ihr, aber er schläft mit dir.

Ich will mit ihm leben, sagte ich zu Ate.

Ich will mit dir leben, sage ich auch zu Franz. Ja, das wäre schön, sagt Franz dann, oder: Das will ich auch, wobei sich über seine hechtgrauen Augen ein Hauch von Endgültigkeit zieht, der besagt, daß es in dieser Welt nicht danach geht, was ich oder was Franz will.

Franz war ohne Vater aufgewachsen. Viele Kinder unserer Generation waren ohne Väter aufgewachsen, und ich, die ich einen Vater gehabt hatte, wäre für eine solche Fügung des Schicksals dankbar gewesen.

Aber Franz' Vaterlosigkeit war nicht durch den Tod geheiligt, ihr haftete der Makel des Überlebens an. Franz' Vater, bis zum Krieg Lehrer für Griechisch und Latein an einem Ulmer Gymna-

sium, war seiner Familie nicht in einem Massen-
grab bei Stalingrad oder in einem sibirischen Ge-
fangenenlager verlorengegangen, sondern in den
Armen von Lucie Winkler, Lehrerin für Deutsch
und Französisch, in deren Wohnung Franz' Vater
nach kurzer englischer Gefangenschaft einzog, und
die er später auch heiratete. Niemand hatte ihm,
der bis dahin als ernster Mann mit einer konservati-
ven Gesinnung gegolten hatte, eine solche Schänd-
lichkeit, ein solches Verbrechen, wie Franz' Mutter
es nannte, zugetraut. Bei der Scheidung soll er erklärt haben, er hätte sich angesichts der so leicht
zu zerfetzenden Leiber seiner Kameraden, inmitten des viehischen Sterbens und in ständiger Erwartung des eigenen Todes an ein Bild des Lebens
klammern müssen, und als dieses sei in ihm auf-
gestiegen das Bild seiner jungen Kollegin Lucie
Winkler, nicht das seiner eigenen Frau und zu seinem Entsetzen nicht das Bild seiner Kinder, sondern das von Lucie Winkler. Seitdem hätte er ihr
geschrieben, und sie hätte ihm geantwortet, und
er hätte sich geschworen, daß er, sollte er diesen
Krieg überleben, seiner Vision vom Leben folgen
würde. Er empfände große Schuld gegenüber seiner Frau und seinen Kindern, aber er hätte ihnen
nicht mehr genommen, als sie um Millimeterbreite
sechs Jahre lang jeden Tag fast verloren hätten.

Das aber, sagt Franz, stimmte nicht. Seine Mutter sei von einem Unglück betroffen gewesen, das damals wenig Anteilnahme fand. Selbst die Witwe eines schlagewütigen Trunkenbolds durfte die Qual ihrer Ehe nachträglich tilgen, indem sie ihren toten Mann betrauerte wie einen, der es verdient hätte. Aber eine, deren Mann zurückgekommen war, nur nicht zu ihr, eine mit einem profanen Unglück aus Friedenszeiten, gehörte weder zu den Glücklichen, deren Männer heimgekehrt waren, noch zu den bedauerten Kriegerwitwen. Sie hatte nicht einmal das Recht, Trauer zu tragen.

Franz' Mutter nahm eine Stelle als Verkäuferin in einer Drogerie an. Über den Vater durfte nicht mehr gesprochen werden. Eine kleine Erbschaft sicherte der Mutter und den drei Kindern einen bescheidenen bürgerlichen Wohlstand, zu dem Klavierstunden für die Mädchen gehörten und das Studium für Franz.

Franz, das jüngste der drei Kinder, wurde seinem Vater so ähnlich, daß Verwandte, die ihn lange nicht gesehen hatten, verlegen die Blicke von ihm wandten und sich heimlich etwas zuflüsterten oder resigniert seufzten. Die Mutter sah das Ebenbild des Mannes heranwachsen, der sie nicht nur dem Unglück, sondern auch der öffentlichen Schande ausgesetzt hatte, in dem sie seitdem alle

Männer verachtete und nun ängstlich darüber wachte, daß ihr der eigene Sohn nicht zu einem ebensolchen pflichtvergessenen Verräter geriete. Während die Mädchen lernen mußten, daß sie jedem Mann vor allem zu mißtrauen hätten, wurde Franz mit der Knute der väterlichen Schuld gezüchtigt: Werde nicht wie dein Vater.

Die haben mich bewacht, sagte Franz, alle drei. Sobald eine von ihnen eine Geschichte über untreue Ehemänner erfuhr, wurde sie drohend bei Tisch erzählt. Meistens wurde der Mann danach mit Impotenz oder Krankheit geschlagen, oder die neue Frau wurde dahingerafft, oder ein verkrüppeltes Kind wurde geboren. Darauf liegt kein Segen, sagte meine Mutter jedesmal und sah dabei nur mich an.

Als ihr Mann nicht zu ihr zurückkehrte, war Franz' Mutter fünfunddreißig Jahre alt. Sie hat nicht wieder geheiratet, obwohl es, wie Franz zu wissen glaubte, Gelegenheiten gegeben hätte. Sie wollte ihn aus seiner Schuld nicht entlassen, sagte Franz. Er wohnte ein paar Straßenzüge weiter, und er sollte niemals glauben dürfen, sie hätte sich über das Elend, das er ihr angetan hatte, getröstet.

Franz war schon erwachsen, als er seinen Vater zum ersten Mal besuchte.

Er war damals so alt wie ich jetzt, ich glaube, er sah auch so ähnlich aus. Eigentlich gefiel er mir, trotzdem habe ich ihm nicht verziehen. Er hätte sich um seine Kinder immer kümmern wollen, meine Mutter hätte es nicht gewünscht, und er hätte ihren Wunsch respektiert. Ich weiß noch, wie er sich, vielleicht nur um mich nicht ansehen zu müssen, eine Pfeife stopfte. Ein paar Tage später kaufte ich mir meine erste Pfeife. Lucie Winkler brachte uns Tee. Sie legte mir ihre Hand auf die Schulter, eine ziemlich große, feste Hand, und sagte, sie sei glücklich, daß wenigstens eins der Kinder endlich gekommen sei. Sie lachte und hatte dabei Tränen in den Augen; das hat mir gefallen, daß sie zugleich lachen und weinen konnte.

Franz ging zum Studium nach Tübingen und kam nur noch an den Wochenenden nach Ulm. Der Vater starb kurz vor seinem sechzigsten Geburtstag an einem Herzinfarkt.

Ich hätte ihn gern noch gefragt, ob er seine Entscheidung je bereut hat.

Man kann im Leben nichts versäumen als die Liebe, sagte ich.

Dann hätte meine Mutter alles versäumt, sagte Franz, am Ende war sie hart und mißgünstig. Falls er glücklich geworden sein sollte, dann auf ihre Kosten.

Hätte er sie nicht verlassen, wäre sie auf seine
Kosten glücklich geworden. Hast du deinem Vater
inzwischen verziehen?
Er ist tot, meine Mutter ist tot. Es war Krieg.
Wahrscheinlich hatte er mit seinem Leben abgeschlossen. Darum konnte er danach ein neues beginnen. Sie hatte die Kinder.
Ich will mit dir leben, sage ich zu Franz.
Ja, das wäre schön, sagt Franz.
Franz und ich liegen zwischen den fleischfressenden Pflanzen. Es ist halb eins, Franz fragt, wie
spät es ist, und ich sage ihm, daß es halb eins ist.
Sobald wir wissen, daß Franz an einem Mittwoch
oder Sonnabend zu mir kommen wird, fürchten
wir uns davor, daß es auch an diesem Mittwoch
oder Sonnabend halb eins werden wird. Ab halb
zwölf oder zwölf denken wir beide nur noch an das
Unausbleibliche, das auf Franz' vorsichtig in das
Dunkel geraunten Satz: Ich muß heim, folgen
wird. Von Woche zu Woche sagt er den Satz leiser,
er flüstert ihn nur noch, aber auch das Flüstern
wird brüchiger. Trotzdem sagt er den Satz immer.
Je leiser er ihn sagt, je furchtsamer er flüstert, um
so heftiger bestürme ich ihn. Geh nicht, nur heute
nicht, geh ein einziges Mal nicht. Ich heule, ich
rase, ich versperre die Tür. Aber Franz geht.
Immer. Den Weg durch den Korridor zur Woh-

nungstür geht er schnell mit eingezogenem Kopf
wie durch Hagelsturm.

Einmal schläft Franz ein. Ich hoffe, ich bete, daß
er nicht vor dem Morgen aufwacht, und versuche
auch zu schlafen, damit ich ihn nicht wecken muß.
Ich liege ganz still, ich atme kaum, und dann fragt
Franz doch, wie spät es ist, und ich sage ihm, daß
es halb eins ist.

Die Unerbittlichkeit, mit der Franz um halb eins
seinen Körper von meinem löste, sich ankleidete,
eine Pfeife stopfte, die er im Auto rauchen würde,
um meinen ihm anhaftenden Geruch im Tabak-
qualm zu tilgen, hinterließ mich jedes Mal in
einem Zustand tobender Wehrlosigkeit. Ich hatte
nur einen Gedanken, ich wollte meiner Lage entkommen; ich wollte nicht mehr verlassen werden;
»... dich zu gewinnen oder umzukommen«. Ich
weiß nicht mehr, was ich damals nur gedacht und
was ich wirklich getan habe. Wenn ich es nicht
rechtzeitig verhindere, erinnere ich mich an Ereignisse, von denen ich nicht glauben will, daß sie geschehen sind. Manches, das mir so wahrhaftig vor
Augen steht, daß ich niemals bezweifeln würde, es
erlebt zu haben, kann aber gar nicht geschehen
sein. Ich kann nicht bei der Autobahnabfahrt
Hennigsdorf gegen einen Brückenpfeiler gerast
sein, obwohl ich mich sehr genau daran erinnere,

es getan zu haben. Es war im Herbst, kurz nach Einbruch der Dunkelheit. Die Autobahn war leer. Hennigsdorf tausend Meter. Aus Hennigsdorf waren am 17. Juni 1953 Tausende von streikenden Stahlarbeitern nach Berlin marschiert. Die Leute aus Pankow erzählten, die Asphaltdecke der Fernverkehrsstraße 96 hätte schon unter ihren Schritten vibriert, als die Hennigsdorfer gerade einmal hinter Oranienburg waren. Ich gab Gas und fuhr mit geöffneten Augen gegen den rechten Pfeiler der Brücke.

Oder am Abend, an dem ich mich vergiftet habe. Wie immer war Franz um halb eins gegangen. Ich saß heulend im Bett, in der Hand einen Knopf von Franz' Mantel. Ich trank den restlichen Wein, zuerst aus Franz' Glas, dann aus meinem, dann den Rest aus der Flasche. Ate war nicht zu Hause oder ging nicht ans Telefon. Ich zog den Bademantel aus, stellte mich vor den Spiegel im Korridor und betrachtete unter dem unbarmherzigen Oberlicht meinen nackten Körper, die rötlich marmorierte Haut am Bauch und an den Schenkeln, die weichen, in letzter Zeit zu fülligen Brüste, die mich an die schweren rosigen Brüste meiner Mutter erinnerten, der nachgebende Muskel oberhalb des Knies. Ich sah nichts, was mich in dem Glauben, daß Franz mich liebte, hätte bestärken können. Wer so aussah, konnte noch lieben, aber nicht mehr geliebt werden, dachte ich, verrührte fünfzig oder sechzig Tabletten mit dem Mixer in Orangensaft und schluckte den galligen Brei in wenigen Zügen. Vielleicht mußte ich mich später übergeben. Jedenfalls erwachte ich am nächsten Morgen pünktlich und ohne außergewöhnliche Beschwerden. Natürlich wollte ich nicht sterben, schon gar nicht wollte ich tot sein. Ich wollte meine Lage verändern. Alles, was ich damals tat oder mir vorstellte, es zu tun, diente nur dem Ziel, meine Lage zu verändern. Da es nicht in meiner Macht lag, sie zu verbessern, mußte ich auch in Erwägung ziehen, sie zu verändern, indem ich sie verschlechterte, zum Beispiel, indem ich mich auf die eine oder andere Art zu Tode brachte. Lieber als mein eigener Tod wäre mir der von Franz' Frau gewesen; allerdings war ich mir der Gefahren bewußt, die mit der Erfüllung dieses Wunsches verbunden gewesen wären. Dem Tod hätte keine Krankheit, die Franz in Mitleid, vielleicht sogar wiedererwachender Liebe an seine Frau gebunden hätte, vorausgehen dürfen. Auf keinen Fall hätte es ein Tod sein dürfen, der Franz schuldhaft belastet hätte. Ein Selbstmord wäre eine Katastrophe gewesen, ebenso ein Autounfall, es sei denn, er wäre ihr in einem Taxi zugestoßen. Ein solcher Unfall

196

mit tödlichem Ausgang war aber unwahrscheinlich. Eigentlich hätte nur ein Flugzeugabsturz sowohl die Sicherheit eines schnellen Todes als auch
die nötige, Franz entlastende Schicksalhaftigkeit
bieten können. Aber ein Flugzeugabsturz entzog
sich meinem Einfluß, zumal ich den zwangsläufi-
gen Tod vieler unschuldiger Opfer ohnehin nicht
hätte auf mich laden wollen. Außerdem flog
Franz' Frau niemals ohne Franz, und selbst wenn
sie doch einmal ohne ihn geflogen wäre, und wenn
das Flugzeug zufällig auch abgestürzt wäre, und
wenn Franz, weil er das Alleinsein nicht gewöhnt
war, dann zu mir gezogen wäre, hätte das nichts
mehr beweisen können.

Ich hätte nicht mehr erfahren können, ob Franz,
wie ich, bereit gewesen wäre, alles, was bis dahin
als sicher gegolten hatte, einzureißen für nichts als
eine Sehnsucht. Ich hätte nie gewagt zu sagen: für
mich; nur für das, was mir in Franz begegnet war
und ihm in mir, das Andere, für das wir Parsifal
entführt haben und Sibylle ihre Ballettboutique
aufgegeben hätte, das Franz' Vater, als er glaubte
sterben zu müssen, in dem Bild von Lucie Winkler
aufgeleuchtet war. Nach einem beliebigen Tod seiner Frau wäre Franz ein Witwer gewesen, der eine
neue Frau brauchte; das Bekenntnis wäre ihm erspart geblieben. Für Franz hätte ihr Tod vielleicht

eine Lösung sein können. Ich weiß nicht, ob er ihn gewünscht hat. Es fällt mir so schwer, mich zu erinnern. Mein Gedächtnis weicht aus wie Augen einem ekelhaften Anblick, einer vereiterten Wunde oder einer Lache von Erbrochenem. Die Müdigkeit schließt mir zärtlich die Lider, als wäre ich tot und jemand leistete mir diesen letzten Dienst; ich kenne diese Geste nur aus Filmen. So, mit geschlossenen Augen, finde ich Franz, einen grauen Mantel über dem Arm, neben mir unter dem Brachiosaurus. Ein schönes Tier, sagt Franz; und ich sage, ja, ein schönes Tier. Aber heute will ich mich bis ans Ende erinnern und dann niemals mehr. Heute werde ich aufhören, auf Franz zu warten.

Nachdem ich herausgefunden hatte, daß der Tod von Franz' Frau mir zu dem Bekenntnis, ohne das Franz' Liebesbeteuerungen mir wertlos geworden waren, nicht verhelfen konnte, gab ich es auf, ihm seine Varianten zu erfinden. Statt dessen begann ich, Franz' Frau zu verfolgen. Von Franz wußte ich, daß sie am Mittag zwischen halb zwei und zwei nach Hause kam. Wenn ich es einrichten konnte, das Museum um diese Zeit für zwei Stunden zu verlassen, fuhr ich in Franz' Straße, suchte mir einen Parkplatz, von dem aus der Weg in Richtung der U-Bahn-Station gut zu überblicken war, und wartete. Franz wohnte in einer schmalen, für

Berliner Verhältnisse ruhigen Straße in der Nähe des Fasanenplatzes, eine Straßenseite begrenzte eine kleine, mit alten Buchen und Platanen bestandene Parkanlage, die den Bewohnern der gründerzeitlichen Prachtwohnungen, unter ihnen Franz und seine Frau, eine luxuriöse Aussicht bot. Wenn wir miteinander telefonierten und Franz sein Fenster geöffnet hatte, hörte ich manchmal das Gezwitscher der Vögel, die in den Bäumen nisteten.

Sie kam immer pünktlich, mit kurzen, unbeirrbaren Schritten, denen man keine Abweichung zutraute, immer eilig, als warte auf sie Unaufschiebbares, in Höhe des Nachbarhauses griff sie in ihre Tasche, die sie über der rechten Schulter trug, und zog, ohne zu suchen, den Hausschlüssel heraus. Einmal traf sie eine Nachbarin, mit der sie sich einige Zeit unterhielt. Sie gehörte nicht zu den Menschen, die andere, um ihrer Rede zusätzlichen Nachdruck zu verleihen, an den Arm griffen oder sich ihnen vertraulich näherten. Eher hielt sie Abstand. Sie gestikulierte auch nicht. Mit der einen Hand hielt sie die Knopfleiste ihres Jacketts, die andere lag in Hüfthöhe auf ihrer Tasche. Wenn sie lachte, neigte sie den Kopf seitwärts und zog wie ein kleines Mädchen die Nase kraus. Bis auf dieses Lachen konnte ich nichts Unangenehmes an ihr finden. Aber wonach ich suchte, das

Besondere, auf Franz Verweisende, was sie in seinen Augen einmalig gemacht haben muß, weil er
mit ihr lebte und nicht mit einer dunkelhaarigen
oder rothaarigen großen Frau, sondern mit dieser
kleinen blonden, deren Kleinfüßigkeit mir sogar
auf der Straße auffiel, blieb mir verborgen.

Ich fuhr auch nicht weg, wenn sie schon ins Haus
gegangen war, sondern wartete, ob sie ein Fenster
öffnen würde oder ob sie das Haus kurz darauf
mit einem Einkaufskorb wieder verlassen würde.
Es kam vor, daß ich ihr dann, mit gehörigem Abstand, wie ich es aus Kriminalfilmen kannte, bis
zum Supermarkt in der Uhlandstraße folgte. Ich
wartete eine Weile auf der Straße, ehe ich ihr nach-
ging und beobachtete, was sie für Franz einkaufte,
um für mich selbst das gleiche zu kaufen.

Es ist möglich, daß ich sie eines Tages angesprochen habe. Jedenfalls habe ich mir hundertmal oder
öfter vorgenommen, es zu tun. Ich wollte ihr wie
zufällig entgegengehen, wenn sie von der U-Bahn
kam, mich als eine Kollegin ihres Mannes zu erkennen geben, behaupten, sie einmal mit ihm gemeinsam gesehen und jetzt sofort wiedererkannt
zu haben. Ich hätte in der Gegend etwas erledigen
müssen und nutze nun die freie Zeit für einen kleinen Spaziergang. Vielleicht würde sie mich, wenn
ich mich durch die genaue Kenntnis unseres Mu-

seums und ihres Ehemannes glaubhaft ausweisen könnte, sogar in ihre und Franz' Wohnung einladen.

Ich weiß nicht, wie oft ich mit ihr gesprochen habe, wie viele Stunden zwischen halb eins, wenn Franz mich verließ, und halb fünf, wenn die erste Straßenbahn endlich fuhr – erst wenn die Straßenbahn wieder fuhr, konnte ich einschlafen – wie viele trostlose Nachtstunden ich ihr gegenüber saß und von ihr wissen wollte, worüber Franz nicht sprach. Ich weiß auch nicht, welches von unseren Gesprächen das einzige wirkliche war und worin es sich von den anderen unterschied.

Aber ich glaube, daß die Antworten, die ich erfunden habe, sich von denen, die sie selbst gab, wenig unterschieden, nur daß sie, wie Franz, schauen sagte statt sehen, schauen Sie, sagte sie zu mir, und ich sagte zu ihr, sehn Sie mal, und daß sie, auch wie Franz, von heimgehen sprach statt von nach Hause gehen. Und selbst das hätte ich mir, da ich wußte, daß auch sie aus der Nähe von Ulm stammte, denken können. Sie lud mich, wie ich es erhofft hatte, in ihre Wohnung ein. Die Tür zu Franz' Arbeitszimmer stand offen, durch den sonnendurchfluteten Raum sah ich in die Baumkronen des Parks, in denen die Vögel nisteten, die ich manchmal durchs Telefon singen hörte.

Die Empirekommode mit den Intarsien sei ein Erbstück, sagte sie, ebenso die Vitrine. Es klang wie eine Rechtfertigung, die wohl eher dem Reichtum als dem Geschmack gelten sollte. Wir tranken Tee aus englischem Porzellan mit Jagdmotiven; daß es englisches Porzellan war, entnahm ich dem Stempel auf der Rückseite der Untertasse, als Franz' Frau die Milch aus der Küche holte. Sie setzte sich mir gegenüber, das Kinn auf den Ballen ihrer linken Hand und den linken Ellenbogen an die rechte Hand gestützt. Sie ließ keinen Zweifel daran, daß sie etwas über mich dachte. Ihre Aufmerksamkeit war von der Art mancher Kinder, die so lange ernst und gebannt in einen der Schaukästen unseres Museums starrten, bis ihr Lehrer sie dort entdeckte und für ihr Interesse lobte. Welches Bild ich selbst abgab, weiß ich natürlich nicht, vermute aber, daß ihr mein Unbehagen aufgefallen ist und daß sie es meinen während der seltsamen Zeit verkümmerten Umgangsformen zugeschrieben hat oder einem verständlichen Kulturschock angesichts der ungewohnten Bürgerpracht, wer weiß, jedenfalls behandelte sie mich, als hätte ich einen Blutschwamm im Gesicht und als sei sie unbedingt gewillt, sich dieser Herausforderung tapfer zu stellen. In welcher Abteilung des Museums ich arbeitete, fragte sie. Als sie hörte, daß ich für den einzigartigen Brachiosaurus zuständig sei, glaubte ich ein wissendes Aufleuchten in ihren Augen zu beobachten. Sie weiß es längst, dachte ich. Sie neigte ihren Kopf seitwärts, musterte mich mit unverhohlenem Triumph und sagte, dann wisse sie, wer ich sei. Ich drückte die Zigarette aus, weil mir die Hände zitterten. Sie sind die Frau, sagte sie, die dieses Skelett ein schönes Tier genannt hat. Mein Mann war davon so gerührt, daß er es mir noch am gleichen Abend erzählen mußte. Wunderbar. Schauen Sie, das ist die Naivität, die wir von Ihnen lernen können. Wir haben ja fast alle Tiere der Welt gesehen. Aber Sie können sich noch an einem Skelett erfreuen wie an Lebendigem. Wunderbar.

Es kommt mir heute unwahrscheinlich vor, daß sie eine dermaßen törichte Bemerkung, die mir sogar jetzt noch die Tränen in meine blinden Augen treibt, tatsächlich ausgesprochen haben soll. Ach ja, Tränen in den Augen, ein schönes Gefühl; ich habe schon seit einigen Wochen nicht mehr geweint, weder aus Kummer noch aus Freude. Es ist natürlich auch möglich, daß ich mir später alles so zusammengereimt habe, weil ich nach ihrer Behauptung, Franz hätte ihr noch am gleichen Abend unser innigstes Geheimnis, die Beschwörungsformel unserer Liebe, hintertragen wie beliebigen Stadttratsch, meine ganze Aufmerksamkeit darauf verwenden mußte, weiterzuatmen. Mein Körper weigerte sich, Luft zu holen, wie das Delphinweibchen Kathy, die Darstellerin des berühmten Delphins Flipper, die sich durch Verweigerung der Atemluft das Leben nahm, als die Filmgesellschaft sie nach dem Abschluß der Dreharbeiten verkaufte.

Franz' Frau erzählte, daß sie mit ihrem Mann gerade an dem vergangenen Wochenende das Museum und den Brachiosaurus besichtigt hätte und daß eine tiefe Andacht über sie und auch über ihren Mann gekommen sei, als sie sich vorgestellt hätten, wie dieses ungeheure Tier in Tendaguru lebendig war. Es war doch Tendaguru, sagte sie und hob mit einem fragenden Blick die Teekanne an.

Ja, sagte ich, und sie goß mir Tee nach, ja, in Tendaguru.

Franz hat mit seiner kleinen blonden Frau auf meinem Platz gestanden. Ich weiß nicht, welche Plätze der Welt alle Franz und seiner Frau gehörten. Der Hadrianswall gehörte ihnen, sicher der Markusplatz, die Via Veneto, das Ufer der Limmat, der Trafalgar Square und Portobello Market, die Bleecker Street und ganz Florenz, aber dieser Quadratmeter unter dem kleinen Kopf des Brachiosaurus gehörte mir, mir allein.

Franz' Frau setzte mit aufreizender Sorgfalt die
Teekanne ab, strich behutsam über eine Falte im
Tischtuch und kreuzte ihre Hände, als es für sie
gar nichts mehr zu tun gab, über dem Knie. Sie
lächelte. Ich glaube nicht, daß an ihrem Lächeln
etwas Besonderes war. Vermutlich hatte sie mit
dem Wort Tendaguru alle denkbaren Gemeinsam-
keiten erschöpft, und so blieb ihr als Zeichen ihrer
fortdauernden Gastfreundschaft nur ihr Lächeln,
in dem ich damals aber nichts anderes erkennen
konnte als ihren Triumph. Wir, mein Mann und
ich, hieß dieses Lächeln, haben auf deinem Platz
gestanden, wie findest du das, meine Liebe.
Seine Frau sei für ein Unglück nicht trainiert, hatte Franz gesagt. So saß sie mir gegenüber, klein,
schmal, verschont. Ich hatte eine unbändige Lust,
sie zu schlagen, aufzustehen, langsam auf sie zu-
zugehen und ihr in das ahnungslose Gesicht zu
schlagen. Ich wollte das rosige weiche Fleisch
ihrer Wange in meiner Handfläche spüren, ich
wollte das ungläubige Erschrecken in ihren Augen
sehen und das weinerliche Zittern um ihr Kinn.
Sie sollte aufhören, so zu lächeln. Ich glaube
nicht, daß ich sie wirklich geschlagen habe. Statt
dessen werde ich etwas gesagt haben. Vielleicht
habe ich sie über die Lächerlichkeit der Redewen-
dung »mein Mann« aufgeklärt und ihr vorgeschla-

gen, lieber von unserem Mann zu sprechen. Oder ich habe ihr einfach mitgeteilt, daß ich Franz liebe und daß Franz mich liebt, und daß es nur ein Irrtum des Schicksals gewesen sein kann oder dessen weise Voraussicht für den nun eingetretenen Fall meiner Befreiung aus der seltsamen Zeit, daß eine kleine blonde, an Fräulein Perleberg erinnernde Person wie sie zu Franz' Gefährtin auserwählt worden war. Denn, werde ich gesagt haben, es war so vorgesehen, daß er mich treffen und lieben würde. Und er hätte sie nur unter den Brachiosaurus geführt, um dort von ihr Abschied zu nehmen, um auf meinem Platz, wo er mich gefunden hat, Abschied zu nehmen von ihr.

Sie lächelte zwar nicht mehr, aber ich konnte auch kein Zeichen des Schreckens oder der Verzweiflung an ihr erkennen. Wie auf ein Kommando waren alle Lichter in ihrem Gesicht erloschen, so daß für den Betrachter jede eventuelle Gefühlsregung im Dunkeln blieb. Ihre Augen waren undurchlässig, die Lippen fest verschlossen. Nur die Kraft, mit der sie die Finger ihrer linken Hand gegen die Gelenke bog, ließ etwas von ihrer Erregung ahnen. Ohne ein Wort stand sie auf, ging in die Küche, kam mit einem Glas Wasser zurück, reichte es mir und fragte, ob sie mir ein Taxi rufen solle oder ob ich mir zutraute, in meinem Zustand mit dem eigenen Auto nach Hause zu fahren. Das klang nicht unhöflich, und ich hatte wieder Lust, sie zu schlagen. Sie sind ein Monstrum, sagte ich und ging.

Mehr weiß ich über diese Begegnung nicht. Sobald ich versuche, mich genauer zu erinnern, wird mir von der Anstrengung übel. Es ist auch nicht nötig, daß ich mich genauer erinnere, das Ungenaue ist schlimm genug.

Irgendwann kam Franz. Ich kann nicht sagen, ob es am Abend des gleichen Tages war oder am Tag danach oder noch später. Ein nicht endender Klingelton ließ mich aus der Untiefe eines Schlafs auftauchen. Wahrscheinlich hatte ich mich mit Tabletten betäubt oder zu viel Wein getrunken. Franz sagte nur einen Satz, hundertmal den einen Satz: Warum hast du das gemacht. Jedenfalls kann ich mich an einen anderen Satz nicht erinnern. Vielleicht habe ich ihm etwas geantwortet, vielleicht auch nicht, was ohne Belang ist, weil ich die Wahrheit selbst nicht kannte.

Später, zwischen den fleischfressenden Pflanzen, kam eine dumpfe Ruhe über mich. Wie eine Äffin umklammerte ich Franz mit Armen und Beinen, und für eine Weile hatte ich das schöne Gefühl, mir sei ein Fell gewachsen, ein dichtes kurzes Tierfell bedeckte meinen Körper und mein Gesicht.

Ich grub meine stumpfe Tiernase in die Senke zwischen Franz' Schulter und Hals. Franz atmete leise im Schatten meines Atems, als wollte er sich in ihm verstecken. So lagen wir lange ganz still. In dieser Stunde wäre ich gern gestorben. Franz muß etwas Ähnliches gefühlt haben. Er erzählte mir die Geschichte von Paolo und Francesca, um deren Leiden willen Dante, als Vergil ihn durch die Hölle für Liebessünder führt, die Besinnung verliert. In alle Ewigkeit, sagte Franz, müssen sie, von wilden Sturmböen gejagt und gestoßen, durch die Hölle fliegen. Aber sie lassen einander nicht los. Trotz der Höllenqualen hören sie nicht auf, einander zu lieben. Mein Vater hat mir von den beiden erzählt, um mir seine Liebe zu Lucie Winkler zu erklären. Tiere kommen nicht in die Hölle, sagte ich.

*

Später habe ich oft darüber nachgedacht, warum ich die Stadt damals kaum wahrgenommen habe. Ich sah zwar die aufgerissenen Straßen, die Kabel und Rohre, die wie verwesende Eingeweide überall herumlagen; die Kräne, die sich wie Saurierskelette über die Dächer beugten; ich sah, daß die Farben der Stadt sich veränderten wie die Natur in wechselnder Jahreszeit. Aber was in dieser oder jener Straße geschah, in diesem oder jenem Stadtteil, hätte ich nicht sagen können. Dabei hatte ich mich der Stadt nie so ganz und gar zugehörig gefühlt wie in diesen Tagen oder Monaten. Ich trieb durch sie auf meinen vorgeschriebenen Wegen wie ein Tropfen in den Trinkwasserströmen, ein Lichtpartikelchen in den Helligkeitsfluten, ich war ein Stein der stürzenden Gemäuer; so aufgebrochen wie die Straßen der Stadt war ich. Von ihr und mir konnte man zu Recht behaupten, wir seien verrückt geworden. Von der Stadt sagte ich es selbst, von mir sagte es zumindest Ate.

Man konnte sich auf uns, auf die Stadt und mich, nicht mehr verlassen. Wir hielten der Gewohnheit der Menschen im Umgang mit uns nicht stand. Die Wege durch die Stadt veränderten sich täglich. Wer einem für den nächsten Tag erwarteten Besucher die Zufahrt zu seinem Haus beschrieb, konnte nicht sicher sein, daß seine Auskunft zur vereinbarten Stunde noch galt. Ähnlich erging es den Menschen wohl mit mir. Ich war nicht mehr, wofür sie mich bis dahin gehalten hatten. Ich war nicht mehr vernünftig, maßvoll, ich war nicht einmal mehr pünktlich, obwohl die Pünktlichkeit mir mein Leben lang angehaftet hatte wie eine Krankheit. Ich konnte einfach nicht unpünktlich sein. Selbst wenn ich mir vornahm, auf keinen Fall pünktlich zu sein, hatte es nur zur Folge, daß ich wenigstens nicht zu früh kam. Seit ich Franz liebte, gelang es mir nur noch selten, irgendwo zur verabredeten Zeit einzutreffen, was mir anfangs peinlich, später gleichgültig war, und wofür die Stadt zahllose Entschuldigungen bot. Ihre Straßen waren verstopft, überschwemmt, verschüttet, gesperrt. Die Bahnen fielen aus, fuhren andere Strecken oder hatten keinen Anschluß. Die Stadt war im Bunde mit den Unzuverlässigen und Unberechenbaren, mit mir. Da die Verrücktheit fast gleichzeitig über uns gekommen war, empfand ich die veränderte Stadt wohl als normal, so wie zwei Betrunkene in der Trunkenheit des jeweils anderen nichts erkennen können als den beglückenden Gleichklang mit der eigenen berauschten Seele. Aber wer kennt sich schon mit der Verrücktheit aus. Ich könnte meinen damaligen Zustand ebensogut als meine naturhafte Normalität bezeichnen, da ich nur einem gewaltigen inneren Wollen folgte, ohne einen anderen Zwang gelten zu lassen. Ich habe mich damals schon gefragt, ob es ein Zufall war, daß Franz und ich unser Interesse für die Tierwelt so unterschiedlichen Spezies haben zuteil werden lassen, ich den ausgestorbenen Einzelgängern und Franz den kleinen, als Einzelexemplare lebensuntauglichen Ameisen, die erst als Volk einen vollkommenen Organismus darstellen.

Wenn Franz von der sinnvoll gefügten Staatsord-
nung einer beliebigen Ameisenart sprach, in der
jede Gruppe so funktioniert, wie unser Herz das
Blut pumpt, unsere Lunge atmet, unsere Niere
den Körper entgiftet, war ich nicht sicher, ob er
eine ähnliche Fraglosigkeit auch für das Men-
schenleben, sogar für sein eigenes, wünschte, oder
ob das faszinierte Vibrato in seiner Stimme eher
von der Bedrohung herrührte, die er bei solchem
Gedanken empfand. Obwohl ich zugeben muß,
daß es für meinen Berufsstand lächerlich ist und
auch meinem sonstigen, eher fatalistischen Ver-
hältnis zur Natur des Menschen widerspricht, hat
mich die genetische Diktatur der Ameisen immer
empört.

Das Leben der Ameisen ist so sinnvoll geordnet,
daß es auch dem kleinsten Bedürfnis nach seiner
emotionalen Ausschmückung keinen Raum läßt.
Die meisten Geschichten, die Franz mir erzählte,
habe ich vergessen. Aber an die Honigtopfameise
kann ich mich, wahrscheinlich wegen ihres an-
schaulichen Namens, gut erinnern. Sie lebt in den
Wüstengebieten Südafrikas, Australiens und des
südlichen Nordamerika. Die nahrungsarmen Zei-
ten fallen für die Honigtopfameise nicht in die
Winterkälte, die ihren Stoffwechsel reduzieren
würde, so daß die körpereigenen Fettzellen das

Überleben sichern könnten. Die Nahrungsnot wird durch die Dürre ausgelöst und zwingt die Honigtopfameise zu intensiver Vorratswirtschaft. Während einer kurzen Zeit des Sommers sammeln sie den Nektar von den Galläpfeln der Zwergeiche und füttern damit ihre jüngsten Arbeiterinnen, deren Hinterleiber noch am elastischsten sind und sich bis zur Größe einer Erbse ausdehnen können. Die abgefüllten Ameisen hängen sich wie Töpfe an die Decke des Baus, eine neben die andere, und verharren dort in ihrer Eigenschaft als Gefäß, bis ihr Inhalt benötigt wird. Hundert Ameisen können sich vierzehn Tage lang von dem Inhalt eines Honigtopfs ernähren. Die angefüllte Ameise würgt den Nektar aus sich heraus und füttert damit die anderen. Wenn sie sich des Vorrats entleert hat, lebt sie weiter wie zuvor.

Obwohl der Überlebensdienst der Honigtopfameise nicht einmal tödlich endet, vielleicht sogar, weil er nicht tödlich endet, erschien mir von allen Ameisengeschichten, die Franz erzählte, die der Honigtopfameise am brutalsten; noch sinnvoller hätte es nicht zugehen können. Da ich gern habe, wenn etwas logisch ist, muß ich immer wieder darüber nachdenken, warum sich mir in bezug auf die Ameisen das Wort unmenschlich aufdrängt, obwohl ich es auf andere, den Menschen ähnlichere

Tiere niemals anwenden würde, weil es natürlich paradox und lächerlich ist, die Natur menschlich oder unmenschlich zu finden.

Ich habe keine Antwort gefunden, die intelligenter gewesen wäre als mein unlogisches Gefühl. Die Ameisen exerzieren uns vor, wie ein Staat geordnet sein muß, um in ihm hundertfünfunddreißig Millionen Jahre oder länger überleben zu können. Aber wer will schon leben wie die Ameisen? Und wer will schon untergehen? Ich entschied mich für den Untergang, und Franz behauptete, das sähe mir ähnlich. Immerzu wolle ich mich entscheiden. Obwohl niemand von mir verlange, wie eine Ameise zu leben, entschiede ich mich leidenschaftlich dagegen, sogar um den Preis meines Untergangs.

*

Nach dem Tag, an dem ich Franz' Frau vor ihrer Wohnung aufgelauert hatte, und an dessen Abend ich Franz wie eine Äffin umschlungen hielt, sah ich Franz nur noch, wenn er in unserem Museum zu tun hatte, was höchstens einmal in der Woche vorkam, weil die notwendigen personellen und verwaltungstechnischen Veränderungen fast abgeschlossen waren. Man hatte einen neuen Direktor eingesetzt und einige Mitarbeiter entlassen. Ich weiß nicht, warum man mich nicht entlassen hat,

aber es war so. Ich muß meine Arbeit wohl ge-
wissenhaft fortgeführt haben wie in den zwanzig
Jahren davor; oder es fiel in den Wirrnissen der
Um- und Neuordnung nicht auf, daß ich es nicht
tat. Ich nahm an den Umstürzen und Stürzen um
mich herum nur insofern Anteil, als sie mich mit
Franz verbanden oder von ihm trennten.

Er könne mich nun, nachdem seine Frau von mir
wisse, auf unbestimmte Zeit nicht besuchen, sagte
Franz. Wir saßen im Vorgarten eines italienischen
Restaurants in Moabit, wo Franz nicht fürchten
mußte, Bekannten zu begegnen. Ich dachte zum
ersten Mal nach langer Zeit an meinen Ehemann,
der jetzt in Pompeji war oder auf dem Himalaja,
vielleicht auch in Berlin, aber nicht bei mir. Ein
Windstoß wehte eine Lindenblüte, für die es längst
zu spät war, auf unseren Tisch. Ich nehme an, daß
ich geweint habe und daß ich Franz gefragt habe,
was nun werden soll, und daß Franz darauf geschwiegen hat. Nur an den Augenblick, in dem
Franz mit seinen Fingerrücken über meine Wange
strich, erinnere ich mich genau. Sonnenflecken
fielen durch das Laub der Linde auf Franz' Gesicht
und verdarben das Hechtgrau seiner Augen.

Zwischen dieser Minute und dem Morgen, an
dem alle Wege zum Museum versperrt waren, lag
Zeit, Tage und Wochen, von denen ich nicht mehr

weiß, als daß ich sie überlebt habe. Das Erinnern findet keinen Halt; ein drehender Nebel um einen Strudel von Müdigkeit, auch jetzt. Der Brachiosaurus war mir fremd geworden. Er war zu Franz übergelaufen, zu Franz und seiner Frau. Wie ein Zerberus bleckte er seine Zähne gegen mich. Es lag keine Verschworenheit mehr in seinem Grinsen aus der Höhe. Später, nachdem Franz mich endgültig verlassen hatte, versöhnte ich mich wieder mit ihm. Später gehörte er wieder mir.

Eines Morgens also waren alle Straßen, die zu unserem Museum führten, gesperrt. Als sich mein gewohnter Weg über die Chausseestraße in die Invalidenstraße als unpassierbar erwies, weil die Post oder das Wasseramt oder die Gaswerke die Straße querüber aufgegraben hatten, versuchte ich es über die Hannoversche Straße, die aber schon an der Friedrichstraße durch eine rotweißgestreifte Schranke blockiert war. Die dritte Möglichkeit über die Otto-Grotewohl-Straße, ehemalige und spätere Luisenstraße, führte nur bis zur Reinhardtstraße, wo mehrere Löschzüge der Feuerwehr einen Kabelbrand oder einen Wasserrohrbruch bekämpften. Ich suchte nach einem Parkplatz, um den Rest des Weges zu Fuß zu gehen. In allen umliegenden Straßen standen die Autos in doppelter Reihe auf Fahrbahnen und Bürgersteigen. Ich fuhr bis zur Oranienburger, Ecke Tucholskystraße, wo ich überlegte, ob ich umkehren oder weitersuchen sollte und, weil sich zur Umkehr keine Gelegenheit bot, weiterfuhr bis zum Hackeschen Markt und dann weiter nach Hause. Seit ich, wie ich glaubte, Franz verloren hatte, war ich so willenlos, daß ich jedes Zeichen, das sich in den Zufällen des Alltags erkennen ließ, dankbar als eine für mich getroffene Entscheidung annahm. Die versperrten Zugänge zum Museum erlaubten mir nicht nur, sie befahlen mir, nach Hause zu fahren. Ich sollte etwas anderes tun als meinen mechanisch verrichteten Dienst im Museum. Und weil ich, ehe ich Franz traf, einen Wunsch vor allen hatte, beschloß ich an diesem Morgen, als alle Wege zum Museum unpassierbar waren, endlich dorthin zu reisen, wo ich längst gewesen sein wollte, nach South Hadley, Massachusetts, in Pliny Moodys Garten.

*

In New York wäre ich fast gestorben. Allerdings habe ich den Verdacht, daß die meisten Menschen, wenn sie, wie ich, auch nur für kurze Zeit in New York waren, von sich behaupten, dort fast gestorben zu sein oder sich wenigstens nachweislich in Lebensgefahr befunden zu haben. Ich glaube, daß in New York jeder erleben kann, was er erleben will. Daß so viele Menschen dort fast zu Tode kommen, bedeutet wahrscheinlich weniger, daß New York so gefährlich ist, als daß so viele Menschen den Wunsch haben, wenigstens einmal den Tod zu überleben, was voraussetzt, daß sie zuvor in seine Nähe geraten sein müssen. Es kann auch sein, daß wir nur in einer Stadt wie New York die Lebensgefahr, in der wir uns überall und immer befinden, überhaupt wahrnehmen, weil wir sie dort erwarten, während wir zu Hause das Auto, dem wir beim abendlichen Heimweg knapp entgehen, zwar als lästig und rücksichtslos empfinden, ihm aber wegen der Alltäglichkeit seine lebensbedrohliche Eigenschaft nicht zuerkennen.

Ich hatte mir vorgenommen, höchstens zwei Tage in New York zu bleiben, und dann mit dem Bus nach South Hadley weiterzureisen. Irgend jemand hatte mir die Adresse eines Verwandten gegeben, der selbst verreist war und in dessen Wohnung ich übernachten durfte. Der Schlüssel lag bei einer Nachbarin.

Die Wohnung erwies sich als eine Fabriketage von mehreren hundert Quadratmetern südlich der Houston Street. Aus westlicher und östlicher Richtung strömte das Licht durch hohe Fensterfronten in die beiden riesigen, durch eine gläserne Tür miteinander verbundenen Räume. Zwischen den wenigen Möbeln wucherten mannshohe Pflanzen, die offenbar mit einem Gartenschlauch, der sich vom Bad durch die halbe Wohnung schlängelte, gegossen wurden.

Hätte der Zufall mir nicht diese schönste aller denkbaren Behausungen zugewiesen, wäre ich vielleicht doch noch nach South Hadley, Massachusetts, in Pliny Moodys Garten gereist. So aber saß ich, erschöpft von meinen stundenlangen Wanderungen durch New York, in der Wohnung, die mir, obwohl ich etwas Vergleichbares nie gesehen hatte, ähnlich vertraut schien wie die Stadt. Trotz ihrer unglaublichen Ausmaße war nichts Beängstigendes an ihr. Mit der Zeit entdeckte ich, daß kein unversehrtes Möbelstück in ihr stand. Die Stühle waren an Bruchstellen genagelt, oder es fehlte eine Verstrebung in der Rückenlehne, ein Korbsessel wurde durch eine dicke Schnur zusammengehalten, ein Bein des Betts war durch zwei Ziegelsteine ersetzt worden, an der Wand zwischen den Fenstern lehnte eine meterhohe Spiegelscherbe. Die Leichtigkeit des Vergänglichen mischte sich mit dem gleichbleibenden tosenden Lärm, der aus hundert Geräuschen in den Straßen zusammenfloß und durch die geöffneten Fenster in die Wohnung quoll.

Fremd und geborgen in der großen Leere der Wohnung, umgeben von den Lebensspuren eines

mir unbekannten Menschen, gab ich mich ganz
dem heroischen Gefühl meiner Einsamkeit hin.
Sogar den Gedanken an Franz fehlte die gewohnte
Verzweiflung. Ich habe nicht einmal versucht, ihn
anzurufen. In New York habe ich zum ersten Mal
gedacht, daß ich vielleicht auch ohne Franz glücklich sein könnte mit ihm.

Inmitten der Wolkenkratzer, Klimaanlagen, Eis-
maschinen und den ewigen Sirenen der Unfall-
wagen fühlte ich mich so tierhaft frei wie nie zuvor
in der Natur, die mich, je unerschlossener und un-
belebter sie war, um so herber auf meine eigene
Unnatur verwiesen hatte. Alle Sprachklischees erwiesen sich plötzlich als so paradox wie wahr: der
Dschungel der Großstadt; die pulsierende Stadt;
der Lärm brandet; der Verkehr braust; strömende
Menschenmassen, Häusermeere, Straßenschluch-
ten, als wäre im Chaos der Stadt die uns gemäße
Natur wieder erwachsen.

Meine Abreise nach South Hadley, Massachusetts, verschob ich von einem Tag auf den anderen, und jeden Tag, den ich länger in der Stadt
blieb, schrumpfte meine Erwartung, die ich mit
den seltsamen vogelartigen Fußspuren in Pliny
Moodys Garten verbunden hatte. In New York
war mir der wiedererstandene Brachiosaurus, der
Inbegriff des Maßlosen, leibhaftig begegnet.

Hinzu kam, daß eine Reihe seltsamer Ereignisse mich veranlaßte zu glauben, ich könnte in dieser Stadt etwas herausfinden, wovon ich nicht genau wußte, was es sein könnte, von dem ich aber ahnte, daß es meine Verwirrung beenden würde. In meiner Kindheit habe ich ein Märchen gelesen, von dem ich nur noch weiß, wie es heißt: »Geh dahin, ich weiß nicht wohin; hol mir das, ich weiß nicht was.« In New York, schien mir, hatte ich den richtigen Ort gefunden, an dem sich mir auch dieses Ichweißnichtwas offenbaren würde.

Am vierten oder fünften Tag meines Aufenthalts, es war ein Sonntag, wollte ich mit der Fähre nach Staten Island fahren. Der Morgen war so heiß und dunstig wie der Abend zuvor. Die dicken Häuserwände speicherten die Hitze, so daß die Stadt auch in den Nächten kaum abkühlte. Das New Yorker Fernsehen gab an diesem Morgen, wenn ich es richtig verstanden habe, bekannt, daß die Weißen in der Stadt nicht mehr die Mehrheit bildeten, und daß die Ratten im Central Park außer Kontrolle geraten waren. Herden unerschrockener Ratten waren zu sehen, die am hellen Tage zwischen Laub und Gestrüpp geschäftig umherliefen. Die eine oder andere warf nebenbei aus ihren wachen Rattenaugen einen Blick in die Kamera, daß mir Angst wurde. Sie sahen aus, als wüßten sie längst,

wann und wie sie das New Yorker Fernsehen über-
nehmen würden. Ich beschloß, am nächsten Tag
unbedingt in den Central Park zu gehen.

Als ich endlich zur Fähre nach Staten Island aufbrechen wollte, stieß die schwere, nach außen zu
öffnende Eisentür schon nach zehn, höchstens
fünfzehn Zentimetern auf ein unüberwindliches
Hindernis. Der Spalt war zu schmal, als daß ich
den Flur hätte überblicken und erkennen können,
was dem Öffnen der Tür im Wege stand. Ich
schob mit aller Kraft, ich warf mich gegen die Tür
und gewann keinen Zentimeter. Jemand mußte
einen Eisenblock oder eine riesige Sandkiste davor
gestellt haben, um mich am Verlassen der Wohnung zu hindern. Ich lauschte ins Treppenhaus,
durch das aber nur gedämpfter Straßenlärm
drang. Alle Bewohner des Hauses schienen an diesem Sonntag aufs Land oder an die Strände um
New York gefahren zu sein. Nur ich war noch da.
Ich zwang mich, ruhig zu atmen, vor allem auszu-
atmen, was ich, wenn ich mich ängstigte, oft einfach vergaß. Mich kannte kein Mensch in New
York, folglich konnte mich auch niemand umbrin-
gen wollen. Wenn jemand mich aber in der Wohnung einschloß, um dann über die Feuerleiter in
sie einzudringen, mußte er mir etwas antun wollen. Denn wenn er nur etwas hätte stehlen wollen,

oder wenn er nach geheimen Papieren oder nach einem Testament hätte suchen wollen, wäre meine Abwesenheit für ihn und mich günstiger gewesen. Wahrscheinlicher war, daß dieser Jemand es auf den wirklichen Wohnungsbesitzer abgesehen hatte und nur nicht wußte, daß er verreist war.

Ich setzte mich in die Ecke des Raumes, von der aus ich sowohl die Tür als auch den kleinen rostigen Balkon, an dem die Feuerleiter vorbeiführte, genau beobachten konnte, und atmete so lange in kleinen flachen Stößen aus, bis meine Hände nicht mehr zitterten. So saß ich wenigstens eine halbe Stunde, ehe ich es wagte, den Balkon zu betreten, wo ich aber nichts Beunruhigendes entdecken konnte. Dann versuchte ich es noch einmal mit der Tür. Ich nahm Anlauf und warf mich mit aller Macht gegen sie, so daß meine linke Schulter mich noch Tage später schmerzte. Trotz des heftigen Aufpralls hörte ich diesmal ein hartes ruckendes Klirren von Metall dicht über meinem Kopf. So wie ich die Sicherheitskette am Abend zuvor mit ihrem kugeligen Ende in der Halterung verhakt hatte, hing sie noch immer zu meinem Schutz quer über Tür und Rahmen. Ich mischte mir aus den Vorräten meines Gastgebers einen Gin mit Tonic oder etwas Ähnliches und gab meine Dampferfahrt nach Staten Island für diesen

Sonntag auf. Ich wußte nun, daß ich nicht einge-
sperrt war und hätte mich beruhigen können.
Aber die Panik, in die meine selbstverschuldete
Gefangenschaft mich versetzt hatte, wollte nicht
weichen, als sei die Sache mit der Tür nur ein will-
kommener Anlaß für sie gewesen, sich meiner wieder zu bemächtigen. Es war das vertraute Gefühl,
das mich jedesmal ergriff, wenn es halb eins war
und sich meine Wohnungstür zwischen Franz, der
fortging und mir, die ich zurückblieb, schloß.
Ate hatte mir zwei Adressen gegeben, unter denen
ich möglicherweise ehemalige, mit Ate befreunde-
te Berliner antreffen könnte; einen Klarinettisten,
der schon seit Jahrzehnten in New York lebte und
es sogar zu einigem Erfolg gebracht haben sollte,
und eine ehemalige Schauspielerin, die an einem
Sonntag im Pergamonmuseum direkt vor dem
Pergamonaltar einem amerikanischen Studenten
begegnet war, den sie später heiratete, wofür sie
allerdings zuvor den mosaischen Glauben annehmen mußte.
Ich versuchte es zuerst bei der Schauspielerin. Auf
dem Anrufbeantworter meldete sich eine männ-
liche Stimme, die nur die Nummer des Anschlus-
ses nannte, aber nicht den Namen des Besitzers.
Da die Straße nur einige Minuten Fußweg von
meiner Wohnung entfernt lag, ging ich eines Nach-

mittags zu der angegebenen Adresse in der Nähe des Washington Square, um zu sehen, ob Ates Freundin in dem Haus überhaupt noch wohnte.

Der Doorman diskutierte mit drei aufgeregten Handwerkern, gab nebenbei Post an einen Mieter aus, wandte mir zwar das Gesicht zu, unterhielt sich aber weiter mit einem der Handwerker. Ich sagte laut den Namen von Ates Freundin, sprach ihn offenbar aber so schlecht aus, daß der Doorman ihn auch nicht verstand, als ich ihn wiederholte. Ich zeigte ihm Ates Zettel, der Doorman nannte Etage und Appartement, und weil die Handwerker immer noch auf ihn einredeten, oder weil er ohnehin zu faul war, verzichtete er darauf, mich telefonisch anzumelden. Ich stieg in den Fahrstuhl und drückte auf die Fünf, aber der Fahrstuhl hielt weder in der fünften Etage noch in der sechsten, sondern erst in der siebenten. Ich hielt es für richtiger, nun die Treppe zu benutzen, um mich nicht noch einmal der Willkür des Fahrstuhls auszusetzen. Ich ging durch eine Tür, über der in großen roten Buchstaben das Wort EXIT stand und die in einen kleinen Raum führte, an dessen linker Seite sich eine weitere, kleinere Tür befand. Die Tür, über der das Wort EXIT stand, schloß sich in meinem Rücken, während ich die kleinere Tür öffnete, hinter der sich aber nicht, wie erwartet, eine Treppe befand, sondern nichts als eine sinnlose, winzige Kammer ohne Tür und Fenster. Es gab keine Treppe, und, was schlimmer war, der Weg hierher führte nicht zurück. Der Ausgang war kein Eingang. Die Tür ließ sich von der Seite, auf die sie mich mit dem Versprechen EXIT gelockt hatte, nicht öffnen. Ich hatte mich ausgesperrt.

In diesem Augenblick wurde mir bewußt, was ich jenseits der Tür gesehen hatte: offene Türen zu leeren Wohnungen, in denen Malerutensilien standen. Und es war Freitag nachmittags. Die Handwerker hatten sich wahrscheinlich gerade für das Wochenende vom Doorman verabschiedet, als ich in den Fahrstuhl stieg. Eine kurze Zeit gelang es mir, ruhig zu bleiben, oder ich war nur starr vor Schreck. Dann stürmte ich gegen die Tür und schlug mir die Unterarme an ihr blau. Help me, help me, schrie ich. Wie eine Tobsüchtige hämmerte ich gegen die Tür, ich weiß nicht wie lange. Plötzlich öffnete sie sich. Ein dunkelhäutiger Mann in weißer Malerkluft stand vor mir, er schüttelte den Kopf und lachte. Was er sagte, verstand ich nicht. Ich fuhr mit dem Fahrstuhl ins Erdgeschoß. Ates Schauspielerin habe ich nie getroffen.

Der Klarinettist schien erfreut, von der verrückten

Bea aus Ostberlin, wie er sie nannte, zu hören. Er
sei zwar wahnsinnig beschäftigt, wolle mich aber
unbedingt treffen, schon um mir ein Geschenk für
Bea mitzugeben, vor allem aber wolle er viel über
Deutschland hören und alles über Berlin. Seit
einem Jahr schaffe er es nicht rüberzufliegen, um
auf den Resten dieser gottverdammten Mauer zu
tanzen. Ob ich nicht am nächsten Tag zu einem
Konzert kommen wolle, das er anläßlich des acht-
zigsten Geburtstags einer Mäzenin in deren Wohnung am Riverside Drive gebe. Wir könnten an-
schließend noch auf ein Glas Wein in eine Bar
gehen. Ich müsse mich nur bemerkbar machen, er
sei der Mann mit der Klarinette, sagte er.
Das Konzert sollte um acht Uhr beginnen. Ich
kam zu früh. Weil ich außer dem Klarinettisten,
und eigentlich auch den nicht, keinen der Gäste
kennen konnte, und weil mein Englisch selbst für
eine anspruchslose Konversation zu dürftig war,
wollte ich die verbleibende Zeit lieber auf der
Straße abwarten. Das Haus, in dem die Mäzenin
wohnte, war das vorletzte in einer der Straßen, die
auf den Riverside Park führten, der durch einen
Zaun von der Straße, die parallel zu ihm verlief,
getrennt war. Abendliche Stille wehte vom Park
herüber. Die Straße war fast leer. Nur ein livrierter
Doorman patrouillierte vor seinem Haus. Ein alter

Mann in Bermudashorts führte einen Terrier spa-
zieren. Ich ging langsam über die Fahrbahn auf
die Parkseite. Die untergehende Sonne brach hier
und da durch das Laub der Bäume. Ich stellte
mich mit dem Rücken zum Zaun, sah einfach nur
in die Straße vor mir und dachte darüber nach,
daß ich es doch noch geschafft hatte, bis hierher
nach New York an den Riverside Drive zu kommen, was ich so lange für unmöglich gehalten hatte, daß mich meine Anwesenheit noch in jedem
Augenblick, da sie mir, wie gerade jetzt, bewußt
wurde, tief verwundern konnte. Während ich mich
ganz dem Triumph meiner späten Freiheit überließ, durchfuhr mich plötzlich ein Satz. Später
konnte ich nicht mehr sagen, ob ich ihn wirklich
gehört oder ob ich ihn nur gedacht hatte. Der Satz
hieß: Du stehst hier nicht gut. Es gab keinen
Grund zu glauben, daß ich dort, wo ich stand,
nicht gut stand. Trotzdem verließ ich, ohne weiter
nachzudenken, meinen Sonnenplatz am Zaun und
ging, ebenso langsam wie ich gekommen war, zurück auf die andere Seite, wo der alte Mann in
den Bermudashorts gerade ein Exkrement seines
Terriers in eine Plastiktüte schaufelte. Nachdem ich
ein paar Schritte in Richtung des Hauses, in dem
die Mäzenin wohnte, gegangen war, raste ein dunkles Auto an mir vorbei, versuchte an der Straßen-

gabelung rechts abzubiegen, schleuderte und prallte gegen den Zaun. Ein junger Mann stürzte aus dem Auto, sprang über den Zaun und war schon hinter den Büschen verschwunden, als ein Polizeiauto mit kreischenden Bremsen hinter dem Wagen des Verfolgten hielt. Von einem Balkon in der zweiten Etage rief eine Frau den Polizisten etwas zu und zeigte, mit beiden Armen wedelnd, in den Park. Ein zweites Polizeiauto bog mit jaulender Sirene aus einer Seitenstraße. Ich war begeistert von der Szene, die sich genau so abspielte, wie ich es aus amerikanischen Serienkrimis kannte. Offenbar hielten die Polizisten es für sinnlos, dem Flüchtigen in den Park zu folgen, sie unterhielten sich miteinander, einer telefonierte, und ich begriff allmählich, daß der Mann eben dort gegen den Zaun gefahren war, wo ich zwei Minuten vorher gestanden und den Satz gehört oder gedacht hatte: Du stehst hier nicht gut. Ich verstand, daß ich beinahe gestorben wäre. Zerquetscht und blutend sah ich mich zwischen Zaun und Auto liegen, am Riverside Drive in New York, wo kein Mensch lebte, der meine Leiche hätte identifizieren können. Schwindel erfaßte mich wie einen Fassadenkletterer, der im falschen Augenblick in den Abgrund schaut. Und noch tiefer als mein möglicher Tod verwirrte mich meine unerklärliche Rettung.

Damals, an jenem Tag im April, als mir jemand auf der Friedrichstraße für eine Viertelstunde den Strom im Gehirn abgeschaltet und mir meinen simulierten Tod vorgeführt hatte und als ich in meiner Verstörung einen Sinn finden wollte, war ich auf den Satz gestoßen: Man kann im Leben nichts versäumen als die Liebe.

Diesmal war es umgekehrt, diesmal war der Satz zuerst. Du stehst hier nicht gut. Ich dachte an Franz und daß der Satz etwas zu bedeuten hatte, wie auch die Türen, die ich vor mir und hinter mir verschlossen hatte, etwas bedeuten mußten. Was hätte mein zufälliger Tod zwischen einem Zaun und einem Verbrecherauto am Riverside Drive mit meiner Liebe zu Franz zu tun. »... dich zu gewinnen oder umzukommen«, aber nicht unbemerkt und versehentlich im Straßendreck von New York, nicht so, daß Franz glauben durfte, ich wäre nicht um seinetwillen gestorben, sondern einfach nur, weil ich einem kleinen Gangster, der für seine Profession zu schlecht Auto fuhr, im Weg gestanden hatte.

Weder traf ich den Klarinettisten, noch stattete ich den Ratten im Central Park einen Besuch ab. Ich buchte den nächstmöglichen Flug nach Berlin. Ich wollte zu Franz.

*

Als ich zurückkam, war es Herbst. Wir können nicht mehr viel Zeit gehabt haben, Franz und ich. Wir können uns nicht mehr oft getroffen haben. Es ist die Zeit mit Franz, an die ich mich am wenigsten erinnere. Eigentlich erinnere ich mich gar nicht. Nur an die Nacht im Herbst, in der Franz fortging und nicht zurückkam, erinnere ich mich. Es hat nicht geregnet. Heute muß ich mich erinnern, weil ich heute aufhören werde, auf Franz zu warten. Ich muß mir Mühe geben. Wenn ich mir Mühe gebe, kann ich vielleicht einen Faden erwischen und mich an ihm durch das Nichts bis zu dieser Nacht, in der die Straßen trocken waren, hangeln. Vielleicht ist es gut, daß ich so sterbensmüde bin. Vielleicht erinnere ich mich so leichter, weil ich zu müde bin, um etwas gegen das Erinnern zu unternehmen, falls es mir zu schwer würde.

Manches steht außer Frage, ob ich mich erinnere oder nicht. Das Flugzeug muß in Tegel gelandet sein. Und es ist unwahrscheinlich, daß ich, während ich mit dem Gepäck durch das Flughafengebäude zum Taxi zog, nicht an den Sonnabendmorgen gedacht habe, an dem Franz auf dem Weg zum Hadrianswall seine Frau beiläufig und zärtlich anlächelte, weil er sie versehentlich mit dem Ellenbogen berührt hatte. Ich werde erschöpft gewesen sein von der Reise. Zu Hause werde ich mich, ohne vorher zu essen oder zu telefonieren, zwischen die fleischfressenden Pflanzen gelegt und den Geruch von Franz an ihnen gesucht haben. So werde ich eingeschlafen sein. Am Nachmittag werde ich etwas eingekauft und die Post gelesen haben. Ich glaube, daß meine Tochter mir geschrieben hatte, sie wolle mich besuchen. Ich glaube, daß ich mich darüber gefreut habe. Und ein Brief von Franz war gekommen, ja, so war es, eine Postkarte in einem Briefkuvert. Die Karte stammte vom Verkaufsstand unseres Museums, eine Fotografie vom Brachiosaurus. Franz schrieb, ich solle ihn anrufen, sobald ich wieder in Berlin sei. Das muß ich wohl getan haben, vielleicht am gleichen Tag, vielleicht am nächsten, wahrscheinlich gleich.

Ich weiß genau, daß Franz vor meiner Tür stand, ohne Blumen, schräg in den Türrahmen gelehnt, als hätte er so schon Stunden oder Tage gewartet und als sei er bereit, da ewig auszuharren.

Er blieb bis zum Morgen. Heute kommt es mir vor, als hätten wir in dieser Nacht kein Wort gesprochen, kein einziges Wort ist mir im Gedächtnis geblieben, nur ein Raunen und Rauschen wie im Wald, ein Grollen und Brodeln aus dem Innersten, nur unser schmelzendes Fleisch und unser durstiger Atem. Am Morgen tobte ein Gewitter über der Stadt, und der Regen stürmte in Kaskaden gegen die Fenster hinter den weißen Vorhängen. Das kann aber auch an einem anderen Morgen gewesen sein, und an diesem Morgen, während Franz aufstand, sich ankleidete und seine Pfeife stopfte, um in ihrem Rauch meinen ihm anhaftenden Geruch zu tilgen, habe ich nur gewünscht, ein Gewitter möge über der Stadt toben, und der Regen möge in Kaskaden gegen die Fenster hinter Vorhängen stürmen; auch das wäre möglich.

Es fällt mir schwer, das Mögliche zu unterscheiden vom Geschehenen. Während der vielen Jahre habe ich alles Mögliche mit allem Geschehenen vermischt und kombiniert, Gedachtes mit Gesprochenem, Zukünftiges mit nie Vergessenem, Erhofftes mit Befürchtetem, und es ist doch immer dieselbe Geschichte geblieben. Das Ende ist eindeutig und entscheidet alles, das Ende ist nicht korrigierbar. Darum habe ich es vergessen.

Mein Körper ist mir eine einzige Plage. Er kneift und beißt mich, er zerrt an mir, meine Füße sterben ab, und mein Rücken schmerzt, als zöge mir jemand bei lebendigem Leibe die Nervenstränge durch die Wirbel. Wenn es mir gelungen sein wird, mich bis ans Ende zu erinnern, werde ich mich zwischen die fleischfressenden Pflanzen legen und sehr lange schlafen. Es ist nur noch ein kurzes Stück bis zu der letzten Nacht, in der es nicht geregnet hat, was ich so genau weiß, weil ich Franz auf die Straße begleitet habe. In dieser Nacht mußte Franz mit dem Bus nach Hause fahren, weil seine Frau mit dem Auto unterwegs war oder weil das Auto kaputt war. Jedenfalls sind wir, Franz und ich, unter den schon halbentlaubten Bäumen in meiner Straße langsam zur Bushaltestelle gegangen. Franz' Arbeit in unserem Museum war abgeschlossen. Mich hatte man ins Archiv versetzt. Mit dem Brachiosaurus hatte ich nichts mehr zu tun. Das hätte mich kränken müssen, aber ich glaube, daß es mich wenig berührt hat. Meine morgendliche Andacht zu seinen Füßen hatte ich einige Zeit zuvor schon aufgegeben, wie man den Gang in den Gottesdienst aufgibt, wenn es einem nicht mehr gelingen will zu glauben. Ich konnte mir, wenn ich vor ihm stand, nicht mehr vorstellen, ihm unter der Morgensonne von Tendaguru, wo er gestorben ist und vermutlich auch gelebt hat, zu begegnen, ich konnte seine Knochen nicht mehr mit Fleisch umhüllen und sein Herz nicht mehr schlagen lassen. Wie mir in New York die seltsamen vogelartigen Fußspuren in Pliny Moodys Garten ins Verheißungslose entschwunden waren, hatte sich auch der Brachiosaurus gewandelt in das, was er war: ein Skelett, an dem die meisten Knochen ohnehin nicht echt, sondern kunstvoll nachgebildet waren.

Als ich ihn zur Bushaltestelle begleitete, trug Franz ein weißes Hemd. Die Nacht war mild. Franz hatte sein Jackett nur lose übergehängt, und das Hemd leuchtete aus dem Dunkel. Franz legte seinen Arm um meine Schulter, so wie er in Edinburgh den Arm um die Schultern seiner Frau gelegt hat. Warum war ich so glücklich, obwohl Franz, wie fast immer um halb eins, nach Hause fuhr. Aber ich war glücklich, ich erinnere mich genau. Franz' weißes Hemd leuchtete, die Nacht war mild, es hat nicht geregnet, und ich war glücklich.

Wann hat Franz den Satz gesagt: mein Vater hatte recht. Kein Bild, kein Licht, nur Franz' Stimme. Es wird dunkel gewesen sein, ich werde blind und stumm in Franz' Armen gelegen haben, als er sagte: mein Vater hatte recht, der Mensch gehört dem Leben, und wenn das Leben für ihn Lucie Winkler war, dann gehörte er zu ihr.

Ich rührte mich nicht, ich wagte nicht zu atmen, ein Satz fehlte noch.

Ich dachte immer, ich müßte die Rechnung meines Vaters bezahlen. Wenn er aber gar keine Rechnung hinterlassen hat, weil er recht hatte, weil es sein Recht war, sich für Lucie Winkler zu entscheiden ...

Franz sprach nicht weiter. Sein weißes Hemd

leuchtete von der Stuhllehne. Es fehlte immer noch ein Satz.

Was ist dann, fragte ich so leise, daß Franz es auch hätte überhören dürfen.

Die Menschen werden so alt, sagte Franz, was früher das Lebensende war, ist jetzt die Mitte. Eigentlich sind wir erst dreißig, höchstens fünfunddreißig.

Du bist meine späte Jugendliebe, sagte ich.

Ein Mann soll ein Haus bauen, einen Sohn zeugen und ein Buch schreiben. Das habe ich alles getan. Franz setzte sich mit dem Rücken gegen die Wand und zündete seine Pfeife an. Wie ein flötespielender Faun lagerte er zwischen den fleischfressenden Pflanzen. Ich könnte noch einen Sohn zeugen, noch ein Haus bauen und immer neue Bücher über Ameisen schreiben.

Durch die Dunkelheit glänzten Franz' kleine hechtgraue Augen und bildeten für Sekunden mit den Tabakschwaden eine schemenhafte geistähnliche Erscheinung mit lebendigen Augen. Ich wartete immer noch auf den Satz, der dem Gedanken, daß Franz die Rechnung seines Vaters nicht bezahlen mußte, weil dieser keine hinterlassen hat, hätte folgen müssen; und fragte mich zugleich, warum Franz diesen Satz sagen sollte, warum er das tun sollte, warum er zu mir kommen sollte, zu einer heulenden, klagenden, alternden Frau, die ihn durch die Hotelbetten entlang dem Hadrianswall verfolgte, die seiner Frau nachstellte und ihr lächerliche Szenen machte, die alles verriet, was ihr im Leben kostbar gewesen war, das Kind, den Mann, den Brachiosaurus. Warum sollte er für diese armselige Person die kleine blonde Frau verlassen und die Wohnung am Park, in dem die lieblichen Vögel sangen.

Später haben wir ein Zimmer ausgeräumt. Franz hatte gefragt, wo er seinen Schreibtisch aufstellen dürfe. Er muß den Satz doch noch gesagt haben oder einen ähnlichen, oder er hat nur gefragt, wo sein Schreibtisch stehen soll. Ich erinnere mich, daß Franz und ich mitten in der Nacht die Möbel des hinteren Zimmers auf die übrige Wohnung verteilten, daß wir Bier dabei tranken und daß Franz, während er sich anzog und das weiße Hemd zuknöpfte, ein Lied sang, das ich nicht kannte und dessen letzte Zeile hieß: »Oder sollt i vielleicht zum lebn vergessen ham.«

»Oder sollt i vielleicht zum lebn vergessen ham«, sang Franz mal ungläubig, mal aufbegehrend, dann wieder gottergeben. Bevor wir die Wohnung verließen, stellte er die Gitarre in das leere Zimmer. Trotzdem ist er nicht zurückgekommen.

Wir sind noch nicht am Ende der Straße. Wir sind

erst ein paar Schritte unter den halbentlaubten Bäumen gegangen. Franz sucht in seinen Taschen nach Fahrgeld für den Bus. Am Ende der Straße und dann fünfzig Meter nach rechts ist die Bushaltestelle. Vielleicht habe ich Franz unterwegs gefragt, ob er mit mir doch noch nach South Hadley, Massachusetts, in Pliny Moodys Garten fahren will. Oder Franz hat immer noch das Lied gesungen oder nur gesummt, oder er hat weder gesungen noch gesummt, sondern er hat geschwiegen, weil er an seine Frau gedacht hat und nicht wußte, wie er ihr sagen sollte, daß er morgen aus der Wohnung am Park ausziehen würde, um zu mir zu kommen. Ich erinnere mich nicht. Nur, daß ich bis zum Morgen in dem leeren Zimmer neben der Gitarre gesessen und auf Franz gewartet habe, weiß ich. Jetzt sind wir am Ende der Straße. Noch fünfzig Meter nach rechts bis zur Bushaltestelle. Zwei Scheinwerfer von links, noch fern, der Bus, sagt Franz. Er will laufen, ich komme morgen. Im Schein der Laterne für eine Sekunde Franz' Gesicht, die Augen ohne Versprechen, das kleine Lächeln bittet schon um Verzeihung. Er wird nicht wiederkommen. Ich werde das Zimmer wieder einräumen müssen. Meine Arme um Franz' Hals, geh nicht. Der Bus ist schon nah, ich halte Franz' Ärmel zwischen den

Fäusten. Bleib hier. Franz will sich entwinden. Ich schlinge mich um ihn mit meinen und mit seinen Armen. Ich komme morgen. Ich weiß, daß er lügt. Dann geh, geh doch. Halte ich ihn, stoße ich ihn, reißt er sich los. Ein nie gehörtes Geräusch, als würde nasse Pappe auf Eisen klatschen. Ein Heulen wie von einer Hundemeute. Wer schreit so. Unter dem Bus verblutet jemand. Im Rinnstein sammelt sich eine Lache. Ein zerquetschter Männerarm unter dem Vorderrad.

*

Ich habe Franz getötet. Oder war ich es nicht? Habe ich ihn nicht gestoßen? Ist er von selbst gestürzt, gestrauchelt, weil ich ihn nicht gehen lassen wollte? So oder so, ich habe Franz getötet. Jetzt muß ich es wieder wissen. Vielleicht habe ich die vielen Jahre nur auf ihn gewartet, um das nicht wissen zu müssen. Es ist vorbei. Mich hält nichts mehr wach. Die paar Schritte auf meinen Platz zwischen den fleischfressenden Pflanzen schaffe ich noch. Ein fremder Wind streift mein Gesicht und spielt mit den Blättern der Pflanzen, zwischen denen Augen aufblinken, überall Augen, die auf mich sehen. Das sind die Augen der Tiere. Sie sitzen zwischen den fleischfressenden Pflanzen und geben acht, daß mir nichts geschieht. Immer mehr Tiere kommen, große und kleine, und setzen sich still zwischen die anderen. Ich liege in ihrer Mitte und fürchte sie nicht. Ich bin eins von ihnen, eine braunhaarige Äffin mit einer stumpfen Nase und langen Armen, die ich um meinen Tierleib schlinge. So bleibe ich liegen.

* * *

Monika Maron

Flugasche
Roman. Band 3784

Das Mißverständnis
Vier Erzählungen und ein Stück
Band 10826

Nach Maßgabe meiner Begreifungskraft
Artikel und Essays
123 Seiten. Broschur. S. Fischer und
Band 12728

Stille Zeile Sechs
Roman
219 Seiten. Leinen. S. Fischer und
Band 11804

Die Überläuferin
Roman
221 Seiten. Leinen. S. Fischer und
Band 9197

Animal triste
Roman
240 Seiten. Leinen. S. Fischer und
Band 13933

Fischer Taschenbuch Verlag